大展好書　好書大展
品嘗好書　冠群可期

大展好書　好書大展
品嘗好書　冠群可期

·校園系列·

12

讓孩子
最喜歡數學

小宮山博仁／著
沈　永　嘉／譯

大展出版社有限公司

序　言

我的前作『這樣的補習班不要也罷』的副標題是「培育『真正瞭解的孩子』勝過『答對的孩子』」。這也是我一貫的教育方針。

許多人認為「答對」和「瞭解」不是相同的一回事嗎？但是，我認為那是不同的兩件事。所謂答對的孩子會想反正多得一分就多一分為好，只要答案對了即可。至於途中的思考過程等不需要去知道，故和「瞭解」是不相同的。

我之所以每逢機會就向母親們強調「真正瞭解的孩子」的重要性，主要是因為只培育「答對的孩子」之填鴨式的教育，在持續不斷的情況下，惟恐不久之後，能懂得「學習樂趣」的孩子會一個都不剩。

事實上，目前的填鴨式教育中，針對培育「答對的孩子」的教育，已經完善到無法再完善的最高層次。他們拼命地填塞孩子能比別人多得一分的技巧。據說有些小學生竟拿比別人多得一分就是取得高分的遊戲感覺，來享受上補習班的考試和用功於課業的樂趣。

母親眼見自己的孩子如此努力，就沾沾自喜，認為培育了喜歡用功的孩子。但是那卻是個誤解，因為我敢斷言，透過得分的競爭中絕對不會產生喜歡用功的孩子。

所謂的喜歡用功，是經由知道了過去不知道的事，懂得了以前不懂的事，而從中獲得喜悅才產生出來的。所以除非培育「瞭解的孩子」，否則無法培育出明白「學習樂趣」的孩子。

這一點，數學可說是最適合教導孩子「瞭解」之樂趣的學科，因為解答出問題的快感，是很難透過其他科目來獲得的。數學是一個需要明白問題的意義和主旨，否則無法進一步學習的科目。所以喜歡數學、對數學拿手的孩子，一般而言也都是喜歡思考、喜歡用功的孩子，這都是由數學這個學科的特長所獲得的才能。

只是相反的，數學這個學科，也具有一些略受挫折就可能導致落敗的危險性。如果忽略務必牢牢掌握的數學基礎，往後就會產生無論如何也無法再理解的盲點，形成討厭數學的原因。

但是有關這個缺陷，只要母親在孩子尚就讀小學時，能仔細在旁關照，即能充分地防範。如果孩子到處受到挫折，就得儘快地替他找出「挫折」的地方。因此，若說「母親造就喜歡數學的孩子」也言不為過。

本書收錄由小學一年級到六年級為止的「挫折檢查測驗」。如果您的孩子受挫於四年級的問題，就由四年級的測驗做起。如果是在三年級或二年級的階段受挫，就請讓孩子回溯到若干年以前重新做做看。若果真無法完成，也絲毫不必覺得羞恥，因為確實不懂卻仍置之不管，才是真正的問題所在。

小宮山　博仁

目　錄

第二章　讓孩子喜歡數學的母親所應有的設想

母親可以培育出對數學不棘手的孩子

第三章　讓孩子喜歡數學的研習方式

數學教法的要訣

第四章　養成孩子喜歡數學的用功習慣

培養孩子努力動腦的方法

發現孩子挫折的數學檢查測驗

——「測驗」要從封底看起

第一章　讓孩子喜歡數學的施教方法

母子相處良好的孩子，也最喜歡數學

學習數學能夠促使孩子喜歡用功

若詢問：「什麼是數學？」會回答「一加一等於二」，或者「六乘以三等於十八」就是數學的孩子甚多。

不僅是孩子，連身為父母的大人，也有許多人如此作答。

數學是能立即判斷對錯的科目，所以也是孩子們喜歡的學科之一。若詢問低年級的孩子是否喜歡數學，有九成以上的孩子們會回答「喜歡」。但到了高年級，這種比例卻降低，許多孩子們反而會回答「討厭」。

那是因他們誤以為數學是「尋求答案的學習」。例如，一加一得到的「二」，或六乘以三得到的「十八」都相當於答案。

如果過於注重這樣正確地答出答案而已，那麼縱然「答對」數學，也不一定是「懂得」數學，這是值得注意的一件事。

我個人的看法是，在小學所研習的數學，是在教導孩子們「對事物具有邏輯的思考。許多孩子會抱持著「為什麼」的質疑態度來思考「為什麼一加一會等於二」，又「為什麼六乘以三會等於十八」等。而數學教育正是培育孩子針對那些不可思議的「為什麼」，進行尋求答案的「方法」。

數學科目經常「答對的孩子」，比較容易喪失所謂「為什麼」的質疑態度。因為他們被教導的是正確地回答出「一加一等於二」「六乘以三等於十八」之類的應答方法，至於成為「真正瞭解的孩子」的方法卻不曾被教導過。而且，這種孩子除非讓他同時進行回答分數的競賽，或者考試總和排名等的評價，否則會討厭用功。進一步的說，這種「答對的孩子」大多不是真正地喜歡用功。

可是，如果孩子尚是就讀小學的學生就仍然有充分的矯正時機。因為只要培養孩子這種「為什麼」的質疑態度，就隨時能改變成喜歡用功的孩子。因此，希望母親能透過數學來教導孩子許多的事情。

母親的一番誇獎，就是送給喜歡用功之孩子的最大獎賞

當孩子非常用功，成績扶搖直上的時候，母親應對孩子做些什麼呢？我想許多母親會贈送孩子某些獎賞，這種獎賞有兩種方式，一種是語言上的誇獎方法，另一種是贈送禮物的方法。

或許母親認為兩種獎賞方法大致一樣，其實差異甚大。

我認為促使孩子喜歡用功，課業進步的最好方法就是誇獎。孩子總是最喜歡父母和老師的誇獎。老師若在課堂上誇獎孩子：「你能懂得這個問題，真是難能可貴。」孩子即會顯現高興的臉色。而且受了這個鼓勵之後會更加地努力。又當一向對數學感到棘手的孩子獲得八十分，回家竟受到母親的誇獎「你果真勤奮」，孩子即會因這個誇獎而高興地「再接再厲」。

誇獎的重要性不僅在於促使孩子用功於課業。諸如每天生活中的家事、鋼琴練習、運動等事情也適用。母親的一番誇獎，對

孩子而言是比什麼都好的獎賞方法。

我認為送錢或買東西給孩子只會有負面效果。

據說有家幼稚園曾經將孩子分成兩組，進行三個月的實驗。A組的孩子是在畫完圖之後，即誇獎「畫得真好」。另一B組的孩子是不給予誇獎，只贈送糖果而已。最後，把兩組的孩子合併在一起畫圖，發現B組的孩子一聽到沒有糖果可拿的瞬間，就不肯再畫圖。所以對B組的孩子而言，曾幾何時變成不是為了想畫圖，卻以拿糖果為目的。

對於小學生的課業也一樣，若以「考一百分就送你電動玩具」這般吊人胃口的獎賞方法，孩子會喪失用功課業的意願。

所以在此，我要強調的是，為了讓對數學感到棘手的孩子轉變成喜歡用功的最佳獎賞方法，除了母親的誇獎之外別無他法了。

每個孩子都像發明家愛迪生那般獨特的人

當孩子由學校帶回數學試卷時，我猜母親一定先看分數，但請先閱讀內容為宜。把答錯的問題加以檢討才是最重要的。低年級的時候，孩子少有可能繳交白卷，他會設法用頭腦思考，以自己的理由去回答題目。所以低年級的考卷答案中，特別有其獨特性。下面提示小學一年級學生較易答錯的例子。

你知道孩子會有這樣的錯誤解答嗎？

第①和②種的錯誤是由於孩子雖熟知一～一百的數目，但對十進位的表記法卻不太懂才犯下的錯誤。

第③和⑤種的錯誤是由於只懂得同位數的加減，而不會計算不同位數的例子。

第④種的錯誤是因為減去同一個數目之後，那麼就不再有任何剩餘，故什麼也都不書寫的例子。可是在數學的領域中，若什麼都不剩時應以0表示，這對於孩子而言，卻是難以理解的事。

①3+4=34　②10+1=101
③10-1=0　④43-3=4
⑤23+4=63

像這類孩子答錯的例子，每個都各有含意。你應該肯定這是小學一年級學生，絞盡腦汁思考後才發明出來的答案。其實對於0的處理方式並不簡單。甚至以「0的發現」這個題目加以敘述，就能寫成一本書。

可見0的學問有多大，甚至可說透過「0的發現」，人類才得以發展科學這般的豐功偉績。現代人雖然利用0自由、便利的生活著，但若缺少了0，又可能會呈現如何一番景象呢？由這個0來代表的事物，大人或許視為極其當然，但大部分的孩子卻看成非同小可。

所以接觸孩子，必須要有廣闊的心胸，甚至認為每個孩子都是像發明家愛迪生一般獨特的人。而且父母務必知道孩子答錯數學必有其理由才是重要。

動物園正是孩子初學數學的教材寶庫

我一貫主張，當孩子還小的時候，親子倆可以親密地同遊動物園，因為動物園可說是數學教材的寶庫。

原來孩子每次獲得新的體驗時，就能從中學習到許多事情。尤其到動物園親眼看到各個種類的動物，就能從中切身學習到許多有利於研讀數學的事情。

例如，獅子、老虎、長頸鹿、大象等都是使用四隻腳走路的動物。另一方面同為動物，猩猩和黑猩猩有時卻以兩隻腳來走路，類似人類。另外，鳥類有翅膀，能振翅飛翔於空中。

看了這些各種各樣的差異，孩子的觀察力自然會大為敏銳。

在小學低年級的數學課程中重要的「聚集同類」課題，觀察力是非常重要的。因為分辨不同事物的觀察力可以使「聚集同類」的能力發達。雖然利用圖畫書等也能做這樣的練習，但是能在動物園看見實物，親眼分辨動作和大小的不同所獲得的說服力是別有天地。

當孩子歷歷如繪地親眼看過動物之後，不久即能仔細地觀察，不但能辨四隻腳步行的動物與鳥類的區別，也能注意到大小和形狀、模樣等的不同，甚至懂得區分黑猩猩和大猩猩的不同，或者孔雀和雉雞的不同。

另外，在動物園也有利於切身學會圖形的感覺。所謂的圖形，除非懂得某一程度的遠近法，否則是有其困難的一面。

但要落實遠近法的基本，動物園可說是最適合的地方，許多的圖畫書，總是把大象和猩猩都畫成同樣大小，可是如今靠近實物一看，發現大象和猩猩的大小竟是如此不同，孩子會為此差距大為驚訝！

再說，近處看到的猩猩卻和遠處看到的大象，兩者的大小看起來又大致一樣。如果離開大象甚遠，則原本那麼大的大象變成一點那麼地渺小。這樣的經驗會落實孩子由遠處看大東西會變小點的感覺，並讓孩子逐漸明白遠近法的基本。

撲克牌和骰子遊戲也能培育出親近數學的孩子

對孩子而言，數學的學習並不僅是研讀教科書、題目專集或演算罷了。母親們容易認定不坐在書桌前用功就不算是研習數學，其實也有一邊遊戲、一邊能輕鬆地練習數學、喜歡數學的方法。

這種方法的代表就是撲克牌。例如「排七」的遊戲，那是以七為中心，而依照每種花色來排列撲克牌的號碼順序。

這種遊戲對於年紀小的孩子學習有關數目順序的記憶是大有助益。在排七的過程中也能學習到「聚集同類」，因為即使手中持有的卡片，也是不能隨意排列。就如黑桃8只能排列在同為黑桃的7旁邊而已。

這正是「聚集同類」的作法，孩子在遊戲中自然能切身學會「聚集同類」「集合」的概念。

撲克牌或許是小學低年級難度較高的遊戲，但同樣可學習到「聚集同類」。至於「心臟病」簡直是一對一的玩法，對孩子也有幫助。

我認為當孩子把撲克牌玩得入迷時，所獲得的效果就猶如完成了一本數學演算本一樣。才一、二年級的孩子，只要熱衷於撲克牌遊戲，那麼即使把數學放置一旁也不用擔心。只要學會了撲克牌等複雜的遊戲，就能在高年級時引導出孩子無法預知的能力和潛能。

骰子遊戲一樣可利於學習數學。可在舖有磁磚的地板或棋盤上搖出骰子，依其顯示的數目來做前進比賽的遊戲，孩子既能由其中理解骰子的數目和前進距離的真實感，也能懂得六的數量比三多。

另外，同時也能學習距離感，而且如果能留心到進了三又折返三的情況，即能切身學會負的概念。這時孩子不用懂得道理，就能知道進六退三相當於六減掉三的意思。

有的孩子看了問題即能了解「哇！這和我玩撲克牌和骰子遊戲一樣」。可見小學生在許多的遊戲中，也能學習。

為了讓孩子對數學感興趣，可以請他跑腿購買需要找錢的物品

在電視節目中曾看過很受歡迎的鏡頭，就是介紹第一次接受跑腿的孩子的模樣，可是我認為孩子上了小學之後，只要不是攜帶太多錢的程度，指使他跑腿倒也不錯。因為在跑腿中，可以建立各種的人際關係，並有助於數學的學習。

例如，看見附近超級市場的廣告單，就拿五百元交孩子說：「超市販賣五個蘋果四百八十元，你去買吧！」結果孩子會努力地思考該找回多少錢呢？如果物品售價不含消費稅，結帳時需另加稅款就較麻煩，但如已含稅，則孩子就知道應找回二十元，連不懂得往下推算減法的孩子也能計算出來。孩子甚至眼見五個蘋果是四百八十元，也會模糊的盤算一個蘋果大約多少錢呢？

又如拿一百五十元給孩子說：「請你去自動販賣機買果汁。」孩子必定努力思慮買了一百二十元的果汁應找回多少錢呢？

因為除非自己計算，否則就無法知道由販賣機找回的金額是對或錯。也因此孩

子會比對學校的功課更加認真地尋求答案。

如此接受差遣幾次，孩子即能了解數量和金額，並容易覺察出今天購買和過去購買的價格，那一個為高。

等到上了大約五年級，學過比例時就可以問孩子有關消費稅和折扣的問題也是好方法。聽孩子說：「今天打八折，所以才四百元而已。」即可詢問他：「那麼正常的售價應是多少呢？」等於讓孩子趁機由原來價格是比四百元貴或便宜開始，進而多方思考比例的問題。

外出旅行時，如果車站空盪不擁擠時，就差遣孩子去買車票也很好。把全部的金額交給孩子說：

「父母是大人的車資，孩子是半價，那麼一共需要多少錢？」

如此透過一面購物一面思考，孩子才能切身學會數目和計算。

帶孩子去拍賣場，即能建立孩子靈活的腦筋

比例和速度問題都是孩子犯錯的重點。如果只讓孩子在紙上作業中理解，例如以畫圖或使用圖片來進行了解是談何容易？孩子仍然需要以實際生活的體驗來貫通數學理論，才能建立靈活的腦筋。

希望孩子能夠體驗百分率（Percent）和比率等比例的感覺，還是帶他前往拍賣場等可以實際地使用「%」和「～成」的地方最為理想。因為孩子在那裡會學到各式各樣的事情。

例如，三十%的折扣比二十%的折扣便宜；或同是折扣三十%，但是由於物品價格的不同，所以折扣的金額也有差異。也可透過這樣的方式，促使孩子發現三十%的折扣和打七折具有同樣意義。

在那種作法的含意上，消費稅對於孩子切身學習比例的感覺是有所助益的。日本消費稅雖固定為三%，但隨著物品價格的不同，課稅的金額也會不同，這個觀點

就能透過孩子在日常的購物中落實地學習到。身為人母的任務就是在日常交談中，把這一類的體驗與數學的學習結合起來。

例如，購買五百元的物品時，可詢問孩子：「消費稅是多少錢呢？」不論孩子是否已知道是十五元，或者僅猜出大約的金額，此時可趁機教導孩子五百乘以三，再去掉後面兩個零，即能計算出答案是十五元。如果孩子已學過小數，也可教導他直接乘以０・０３即可。

如此讓孩子體驗計算出來的和實際支出的金額是相等的，以後在學校的比例課程中，孩子即能把課程的內容和自己的體驗相互結合貫通。

速度課程也一樣。可以利用外出旅行的機會，提醒孩子注意，在同一小時內，平常搭乘的電車和子彈列車所進行的距離是全然不同。如此，孩子才能切身的感覺到速度和距離，時間的關係。

重要的是，提醒孩子對於現實生活中的體驗要特別注意。若單靠舉例說明，則和在課堂上的上課沒有差異。

無論是遊戲或用功，提醒孩子注意時鐘，才能培養孩子的時間感覺

數學中的時間單元也是孩子感覺困難的問題之一。不但很難掌握一秒、一分、一小時、一日那樣的概念。在計算方面，六十秒為一分鐘，六十分為一小時，二十四小時為一日又不是十進位。

但其中也有些僅是小學一、二年級的孩子，就能牢記日常生活中的時間概念，並能輕易地答對時間的計算。另外也有到了三、四年級尚無法了解，直到了中學才能懂得。

這樣的差異是如何發生的呢？這和平日母親的教導方法有關。例如孩子在兩點半左右要求「吃點心」，這時母親若立即答應他「好的」就吃起點心，那麼孩子是無法由此學到任何東西。

但若此時，母親能質問孩子：「剛才在十二點半時才吃過午餐，這十二點半是多久以前呢？」然後又告訴孩子：「才經過兩小時就要吃點心略嫌太早，等到三點

鐘時才允許吃。」如此孩子才能切身體會吃過午餐到現在才只經過兩小時，要吃點心務必再等待三十分鐘的感覺。孩子為了盼望吃點心，或許會觀望時鐘好幾次，因此也從中了解稱為十分鐘、五分鐘、一分鐘的感覺。

基於相同的意義上，我認為在小學時期應規定回家時間為宜。例如冬天太陽較早下山就定下午五點回家，夏天則定為六點。

如果孩子在三點即回到了家，會認為「還有玩的時間」，然後出去玩。而且能自然地體會三個小時的遊戲時間。

有的孩子在母親不在家的時候幫忙接電話，他會回答：「母親現在不在家，但是六點時會回來。」像這樣的孩子就是已在平日和母親的接觸中，切身學會了時間的感覺。

這類的孩子其課業成績大致優秀。在演算數學時，由於時常觀看時鐘，故對於「由十一點到一點共過了多少時間」這類小學生視為難解的問題，他都能在腦海中浮現時鐘上的文字盤並輕易地回答「經過兩個小時」。

如果孩子質疑「為什麼要學習數學」？父母應仔細加以說明

數學可以說是在懂得又會計算之後，就能感到高興的學科。只要父母的指導方法沒有錯誤，則愈是低年級愈會對數學的學習產生興趣。但是有些程度的訓練，例如默背九九乘法、加法、減法都是想達到迅速正確演算時所必要不可或缺的科目。

因此，上了三年級之後，有些孩子會質疑為什麼要學習數學。在此，分別就低年級和高年級來敘述為什麼需要學習數學。

（低年級）

假如無法計算加、減、乘、除等數學，在生活上即會造成莫大的不便。若想可以過著必要最低限度的生活，無論如何都務必具備四年級左右的數學知識。例如不會加減法就無法上超級市場便利商店去購物。可見小學所研讀的數學，幾乎是日常實用的項目。如果不了解小學所教的數學，出了社會之後會發現更多困難的問題，這正是小學和國中、高中學習數學不相同的地方。

（高年級）

小學五年級就會學到速度和比例。例如「一千元打九折是多少錢」這樣的題目，是和現實生活有著密切關係。如果連這些都不懂，就無法前往超級市場或便利商店購買物品。如此連到底便宜了多少或損失了多少都無法知道，那麼現實生活就更受困擾了。

另外，高年級的數學尚有另一個目的。那就是讓孩子有順序地思考事物，也即是有邏輯思考事物。邏輯的思考是必須具有抽象的思考能力，通常由十歲到十一歲左右，就會有抽象的思考模式。故由五、六年級才開始學習比例、速度和百分比的項目。

凡是能以邏輯概念來思考事物的孩子，他經常會存有「為什麼如此」的構想，因此就不可能不成為有思考能力的人。

那是說，數學就是訓練孩子具有科學的觀察事物能力的一項科目。而高年級數學分量之重就在這裡了。

母親如果是個好聽眾，孩子大多能伸展學習能力

孩子必須養成平常聽人講話時，要集中精神聽講的習慣，尤其在課堂上更應如此。因此在小學低年級中，經由耳朵的學習占了大部分。不但如此，對於閱讀文章、領會文意的能力，也是聽覺能力延伸的結果。

閱讀解釋能力不僅是個語學習能力的重心，同時也和解答數學應用題的能力環環相扣。因此，隨著孩子「聽別人說話的能力」的改善，當然會大大地改變孩子學習能力的伸展。

可見能夠有良好聽講能力的孩子，其學習能力也能不斷地伸展。相反的，無法集中聽別人講話的孩子，學習能力也較無法進步。

那麼，如何培養具有良好聽講能力的孩子呢？

我們常見喋喋不休只顧自己講，不聽別人說的母親。在餐桌聚餐時也只有她一人在講話，父親和孩子都是沈默無聲。

對待孩子也是同樣的態度，母親單方面訴說完自己的話之後，不等待孩子的回應即重回到自己的工作上。像處於這般只能取得單方面溝通的家庭所成長的孩子，則很難成為一良好的聽眾。

希望培育出良好聽眾的孩子，首先母親必須先能傾聽孩子的話。孩子想講的話往往很多，故母親應該技巧地引出孩子的心聲並且表示同感。這樣孩子才會確實感受獲得聽眾的喜悅，同時也能自然瞭解充耳傾聽別人講話的重要性。

而且，還請讓孩子體會該聽話時聽話，該說話時說話的遊戲規則。所以當孩子的話在告一段落之前，母親儘量不要插嘴或改變話題。相對的，孩子想改變母親的話題時，母親可以提醒他注意說：「媽媽的話才說一半而已。」這種情況下，母親應該首先遵守這個規則為大前提。

另外，在責罵孩子的時候，不可以叱責「不可以」「不行」之後就草率結束，應該仔細地說明理由。例如說：「因為會拖累其他的人，所以不可以做這樣的事。」如此來請孩子留意。也因此，透過母親責罵孩子的方式，就能大大地左右孩子邏輯思考能力的發達。

和母親親密相處的孩子，學習效率也會高

對孩子而言，是否和學校老師有良好的師生關係，是相當重要的關鍵要點。因為和老師能良好相處的孩子，會正視老師的眼睛，仔細聆聽老師的話，另外，也能自然地做到在上課時積極地舉手，或在休息時間請教問題等作為。

能否建立這種關係，一方面也因為老師的性格和作法而異。另一方面，站在孩子的立場而言。家庭的親子關係還是會帶來莫大的影響。

首先最不可取的是嚴格的斯巴達式管教方法。尤其是父親或母親動不動就出手打人更要不得。

在這種管教下成長的孩子，會對大人產生潛在性的恐怖心理。結果，面對學校的老師也一樣，不是惶恐不安的態度，就是無法自在的說話。

還有一種造成問題的因素，是對孩子一律採取不聞不問的父母。如果父母親持續著這種態度，那麼孩子也就不肯積極地和大人扯上關係。

這種結果之下，也不會主動和老師交談，或在課堂中舉手表態。

只要在家庭中親子關係親密，能自然又自在的溝通，就不用擔心。父母仔細聆聽孩子的話，提醒他該說的話要好好地訴說，這一點是很重要的。

當然，孩子不舉手表達、不發問問題的另一重要原因，是他的交友關係。因為有的孩子會說：「你不可獨占老師，討老師喜歡。」

可見最近的孩子社會中似乎不容易居處。再說，孩子自身的性格若是害羞又沒有積極性的態度，也可能發生這種情況。

雖然這是個難以解決的問題，不過只要父母在日常的交談中常常告訴孩子：「老師莫不歡迎你的親近，因為每個孩子都是老師的好朋友。」或者，「老師會歡迎你舉手發問」，如此這般一定能相當改善這個難題。

放任主義是孩子智能發展的大敵

提及育兒是件非常困難的工作，無論是過度保護或過度放任，都無法培育自立學習的孩子。在此以數學為例來闡明為何放任主義會延遲孩子的智能發展。

放任主義下成長的孩子具有一種特徵，即說話的語詞不多，因為不擅長使用語言來表現自己的心情，所以不可能在課堂上舉手表態自己的意見。而且這種孩子，一旦有些不如意就會放棄他所做的事情。

另外，若持續地放任孩子，孩子難免只關心電視節目和電動玩具，閱讀書籍的機會也隨之減少。結果透過閱讀文章內容的理解能力慘遭退步，在學校的課業難以跟上別人，因而 難免減少了積極向上的心態。

這樣的孩子，毫無例外地，首先會最討厭數學。也就是說數學是一個在某個地方落敗，前面將呈現一面黑暗的科目，這種說法一點也不為過。

因此，孩子一旦受到挫折，會迅速地喪失求知的好奇心等，也無法再有學習的意願，結果造成討厭數學計算練習的傾向。要訓練孩子擁有迅速又正確的計算能力，除非養成每日練習的習慣，否則就難以達成。

我們也知道被放任成長的孩子，生活體驗也意外地不足。為此，在小學一年級的必要數學能力「聚集同類」和「數即是量」的概念，放任的孩子是無法掌握的。也因此，由小學一年級開始即無法跟得上數學進度，結果討厭用功讀書的個案也增多。

語言能力的發展遲緩，也代表沒有能力解答數學的應用題。無論老師或者父母如何地教導應用題，但由於孩子語言能力的不足和生活體驗的不足，仍無法清楚地理解。當然，這種孩子也不會有抽象的思考模式，等研讀到五年級以上的數學時，他更會莫名奇妙。

由此可見，在放任主義下成長的孩子，智能的發展會愈來愈遲緩。所以家長應多加小心，千萬別陷入這般的僵局為要。

教導孩子做功課時，採取並排式優於對面式的位置

教導孩子做功課時，母親或父親應置身在哪裡呢？採站立教導方式的人大概不多，如果有的話，請立刻停止吧！若孩子坐著而大人卻站著，這時孩子大多會有精神壓迫感。

與孩子視線同高的教導位置可說是第一要點，只要親子視線同高，那麼坐在那裡就無所謂了。親子共習時的位置大致分如下三種。

左頁的A圖是親子面對面而坐的方式。B圖是親子並排而坐的方式。C圖表示父母坐在子女後方的位置。

A圖的位置是常見的例子，不過並非良好的位置關係。因為面對面坐著的情況，如果不是教導的一方（父母），就是被教的一方（子女），總有一方會面臨倒看問題的局面，因此，不論對誰都有所不便。

另外，教導的一方和被教的一方若相向而坐時，教導的一方難免顯現「教課」

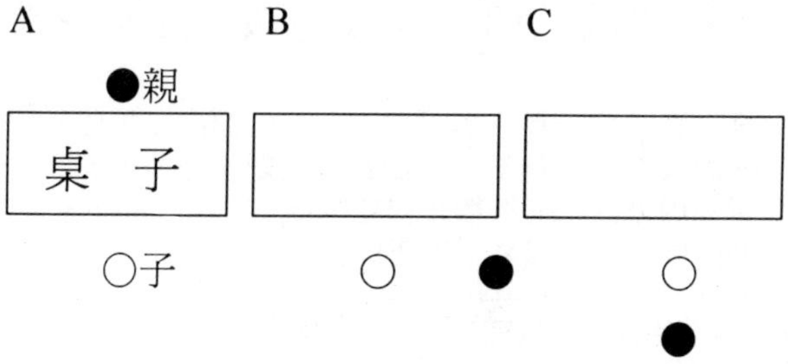

的心態。而且孩子會感受到一股無形的威壓感，無法穩定情緒用功。經過心理學的實驗，的確證實這種作法會造成被教一方萎縮，提不起勁來。

還有，C圖情況下被教的一方仍會有不安感，教導的一方也有教導上的不方便，故也不值得推荐。

教導一方和被教一方的位置關係，仍以B圖方式為最理想。親子若並排而坐，就能產生「共同研習」的一體感。A和C的方式容易形成上下關係，然而B的方式卻因形成對等的關係，孩子也較方便詢問。而且，教導的一方能夠看清楚孩子受挫的問題所在，也是同方向並坐教導的優點。

有教養的孩子和沒教養的孩子之查核單

沒教養的孩子具有學習能力偏低的傾向。另外據說沒教養的孩子大致出身於問題家庭。下面編列用來確認有無教養的查核單。
在□中打上○或×，以便核對。

□①每天早上自己無法在固定時間起床。
□②外遊不超過午夜（十二點過後）。
□③常和父母交談。
□④不會邊看電視或聽收音機，然後邊做功課。
□⑤除非受制某種緣故，否則一定吃早餐。
□⑥自己的書桌和房間均能整理乾淨。
□⑦即使盼望獲得某物，也能忍耐而不會任性的要求。
□⑧學校的通知單都會交給父母看。
□⑨能有計劃地使用零用錢。
□⑩不會在深夜時分前往商店等地方。
□⑪會和鄰居或者老師親切寒暄。
□⑫時常幫忙做家事。
□⑬會仔細聆聽別人講話。
□⑭很少忘記攜帶的物品。
□⑮不用別人催促，會主動完成學校功課。
□⑯不會在公共場所胡鬧。
□⑰受人惡言相向，也不訴諸暴力。
□⑱上課時，不會在課本上塗鴨。
□⑲每天用功的時間固定。
□⑳會建立一個月，一學期，一年的週期性計劃。

一個「○」代表 5 分，合計滿分為 100 分。

A：100 分～80 分　目前為止已不用擔心教養問題。
B：75　分～50 分　稍微改善生活習慣，學習能力就能伸展。
C：45　分～30 分　務必趁現在好好教養。否則對課業的學習有不良的影響。
D：25　分以下　務必由根本重新考量教養方式，否則升到國中時惟恐太遲。

第二章　讓孩子喜歡數學的母親所應有的設想

母親可以培育對數學不棘手的孩子

從小不讓孩子親近數字的父母，會造成數學既差勁又深以為苦的孩子

小學生當中不會數學，討厭數學的孩子，都有如下的共通點。那是無法理解十的合成和分解。也就是說，不懂得十進法的結構，不理解數即是量的概念。

有些孩子對於一位數的加算和減算都能答對，卻不會計算二位數或三位數。這就是並不理解十進位的結構，只會背加算、減算的作法才引起的現象。

也有些孩子只會把數字依照順序來理解，卻無法把它當數量來思考。常見幼小的孩子和父母親一起數著數字。這件事的本意是讓孩子親近數字，雖是好事一樁，但單靠這件事是無法產生量的想法。若不具有量的想法，就只能數著「一隻鳥、兩隻鳥」，而不能進一步地運用更大的數字。

所以，當升上小學三年級，必須學習所謂的千、萬之抽象概念，或者分數和單位的換算之際，孩子即無法跟上學校進度。

基本上，小學低年級的數學需要具備如下的必要能力：能連加或連減二個或三

個數目；能以量來掌握數字；懂得乘法的意義並會使用九九乘法計算表。只要備齊這些能力，等到三、四年級，雖課業難度提升也能應付自如。

至於要讓孩子理解十進法的結構，並能以量來掌握數字，其實並不太困難。即使是小學生一、二年級的孩子，只要親子倆一起思考，透過父母的教導，孩子即能學會。

十進法的教導可使用小磁磚或鉛筆，告訴孩子超過了十就增加一個位數。（參照核對測驗）為了讓孩子以量掌握數學的方法，採用「聚集同類」的作法有效。例如閱讀圖畫書時，可藉機讓孩子數數看可以吃的東西有幾個？

動物有幾隻等遊戲的感覺，親子一起研習也是很好。從小不接觸數字的孩子，進了小學面臨「聚集同類」的問題，就無法解答。

父母若自認為「自己的數學不拿手」，那麼孩子的數學也會不好

你在小學時，數學拿手嗎？國中、高中的數學拿手嗎？

我想敢挺起胸膛回答「拿手」的母親應該不多。反而有許多母親擁有苦惱的經驗和痛苦的回憶。

所以當看過孩子的課業時，那份「過去的記憶」又再度地重現。因此母親往往脫口而出：「如今回想起來，這個部分並不太懂」，或者「母親對數學一向不拿手」。像這樣誠實的訴說，有時會給予孩子莫大的影響。

常在孩子的作文內容中看到如下敘述「我的媽媽數學不拿手，所以我也不拿手，這是親子遺傳關係，我也無可奈何！」把自己的數學不好歸咎於遺傳因素。這真是給討厭用功的孩子一個不錯的藉口。

不僅如此，母親是否自認為數學不拿手，當然會產生不同的育子方式。因為母親總覺得連自己都不懂的事又如何教導孩子，所以心懷不安，解說的文句也缺乏自信，

容易造成總想逃避，把問題推託補習班解決的後果。

但是母親縱然曾在孩提時代對數學棘手過，然而日後的生活經驗當中，仍已充分地學得了數學的知識。寧可說，這種切身在實際體驗中學得的「數學碩智」反而對孩子有益。

母親能渾身解數地運用自己的巧思解說數學，孩子反而能在快樂中獲得理解。萬一遇到自己也不懂的地方，可以告訴孩子「我們一起來動動腦」，這也算是一種很好的作法。

當孩子的程度已提升到某一程度以上時，也有如下的作法。

母親告訴孩子：「現今的數學不同於母親那個時代，真是太難了，因為媽媽不曾學過這類的問題，就由你來教我吧！」接著請孩子來解說。孩子一旦要教導別人，必然會整理以前混淆下清的癥結，或者沒有充分理解的問題所在。偶而互換一下老師與學生的立場，對孩子而言，也是一種良性的刺激。

教導孩子時，母親只要能暫且忍耐，即能伸展孩子的思考力

有些母親說：「我是那麼努力地在教導孩子，但他依然不懂！」許多這類個案的肇因大致是母親過於熱心，連不必要的問題也給予教導，才造成反效果。

數學原本就是著重於思考的科目。所以如果母親在教導時過於仔細，反而是剝奪了孩子的自我思考的機會，也許他能在當場回答，然而難免產生不經過思考或不究其所以的後果。

孩子若帶回分數不好的考卷，此時，母親看過考卷往往會質問「為什麼答錯這個問題呢？」孩子這時因不懂答錯的理由而支支吾吾，但重要的事卻接踵而至。愈熱心聰明的母親，愈可能發生「這個問題是如此這般，所以這樣的演算即可答對」如此單方面教導起來的場面。

但是，這種作法卻讓孩子無法發揮自己的思考力。故孩子在回答試卷時會想：「雖然不太了解問題，但母親既然解說過，就依照這樣做吧！」像這種摹仿來的學

習能力，稱之為「表面的實力」，這種情況下，孩子是無法憑藉自己的能力來解答應用問題。

假如有一問題：「這裡有七隻獨角仙，那麼一共有幾隻腳？」這時，不可以教導孩子：「獨角仙長有六隻腳，所以六乘以七等於四十二。」

對於老練的老師，在這時會首先發問一隻獨角仙有幾隻腳？若孩子能夠回答六隻。再接著問：「兩隻獨角仙有幾隻腳？」這種詢問的目的是讓孩子思考六和二如何搭配計算。等到孩子瞭解六和二應該互加或互乘之後，再進一步讓孩子知道「那麼七隻獨角仙應是……？」

但換了母親的情況，就常常不能有這般的耐心，往往先責備「為什麼不會？」再一廂情願地教導。然而這個時候，母親務必暫且忍耐，多讓孩子思考，這正是能否培育孩子思考力的分界點。

母親應該一次只教一件事，而且踏實地教導為宜

母親在家庭中教導孩子功課時，最易犯的錯誤就是以母親的水準來作思考基礎。母親認為孩子雖年幼，但這點事仍可了解，因此往往一次教導多件事情，讓孩子頭腦混亂，一切都莫名奇妙。

換了大人一次被教兩件事情，當然能記住、理解。但向孩子提出同樣的要求就未免太嚴苛！試著回想自己在小學生時又是如何？應把自己的意識降到和孩子一般的水準是相當重要的。

例如，孩子在數學試卷中答錯了乘算和除算兩題應用題。這時就提出「那麼和媽媽一起重算一遍看看」，然後迫不及待地一口氣教完兩題的母親甚多。這是因為他是自己的孩子，難免顯現沒有感情餘地無法耐心教導的狀態。

首先不讓孩子思考就加以說明「這個問題如此這般，所以採用乘算，懂了嗎？」聽到孩子回應：「嗯！懂了」之後，接著又立刻教另一個除算。但是如此一來，孩

子的腦海將一片混亂。因為先前的乘算問題是由母親教他的，並非透過自己的思考所理解，故不算真正懂得，腦子裡總浮現著「好難」的念頭。

在此情況下，若母親繼續教導除算，則會造成無功而返，這般兩者皆失的後果，終究乘算、除算一概無法理解。

理當先讓孩子自我思考乘算的問題，懂了之後再由母親製作類似的問題作為習作，等確認孩子理解之後，再進一步地教導除算。當孩子一邊接受說明一邊解答時，往往較易答對，但是那僅是「表面的實力」，故母親才需要提出類似的例題來確認孩子是否真正地理解。萬一孩子對於乘算仍感困難時，即使把除算留待隔日再教也無妨。

表面的實力是毫無用處的。母親務必認定孩子一次是無法理解許多問題，應不焦急地踏實教導為要。

小挫折會造成討厭數學的孩子

到了小學高年級時，會出現許多討厭數學的孩子。討厭數學表示對數學不拿手，而且必有其動機。也就是說，曾在某處受到挫折才致使他對數學不拿手。所以讓孩子回到受挫的地方再次努力，即能克服不拿手的動機，解除討厭數學的心態。

討厭數學的小學生，計算是遭受挫折的最大因素。因為計算部分受阻或花費過多時間，使得孩子雖努力聽課卻仍無法跟得上進度，結果功課逐漸落後上課聽不懂，就形成討厭數學的模式。

這種個案，必須先尋找出哪一類的計算出了問題。五年級的分數教到加、減算，而小數教到乘、除算為止，仔細找出來到底在哪個階段不懂才引起落後，再由那個階段重新再學一次即可。（詳情請參照挫折檢查測驗）

如果挫折原因發生在應用題，就去找出棘手的應用題類型。了解加、減、乘、除算的哪個部分有困難。然後重新再學，並且教導孩子畫線圖，利用圖解的方式來幫助理解。

縱使應用問題不拿手的孩子，也要找出孩子到底是哪一類型的應用問題感到棘手，才是重要。若不尋求挫折的重點，誤以為只要多演算一些題目即可，就一味地提供孩子許多題目專輯來練習的話，那麼，他不但不演算，反而讓孩子討厭數學的程度更趨惡劣。

針對小學生的數學，無論是基本計算法或應用題的基礎，均全部會出現在三年級之前。討厭數學的高年級生，大多由於在三年級這個階段曾受到挫折。因此，想改善厭惡數學的孩子，並非使用目前的課本來學習，應重新復習三年級的課本才有效果。

一旦產生了討厭數學的心結，即會如滾雪球似的膨脹起來，上數學課時難免呈現似乎在聽講，其實腦筋一點也不運作的狀態。只要演算一下本書收集的「挫折核對單」，即能明白挫折所在，故趁早找出受挫的要點，重新學習為要。

若能編製錯誤題專集，就能看出孩子棘手的地方

當孩子遞交考卷給你時，應仔細查看錯誤所在。不僅檢討錯誤題目，而且要把錯誤題編製成專集，如此即能讓孩子立刻改善，成績扶搖直上。因為編製「錯誤題專集」，既能讓孩子發現弱點，也能做有效率的複習。學習之後即置之不理是無法獲得學習能力的進步。而考完試或聽完課之後即放置不管，則是最不好的學習方法。

請告訴孩子：試場上的落敗並不可恥，重要的是對於錯誤題目的處理方式。筆者務必推荐給國小學生的學習法，就是實踐「編製錯誤題專集」。

內容是把在學校中演算過不懂的問題，以及考試時答錯的問題，均記錄於筆記簿上。凡是一旦答對或已了解的問題，除非失誤，否則不會在第二次考試中犯錯；相反的，一旦第一次即答錯的問題，大多是孩子棘手的題目，很可能會二度、三的發生同樣的錯誤。故讓孩子完全理解這些錯誤的問題，是相當重要的事。

如果積存了許多錯誤題，那麼一個月一次也好，就利用錯誤題專集來進行親子學習。這是一個恰到好處的複習方式，由於母親也能從中明白孩子答錯的原因，故可做為日後指導孩子的參考。

錯誤題專集實例

5 月 20 日 說明答錯題目的日期	4. 小數的除法(務必書寫題目) (1)884÷34＝26根據這題求出下列題目的商。 ①88.4÷3.4 ②88.4÷0.34 頁數和問題號碼　課　本　P. 45 — ① {留下 5～6 行的空間以便作答}
5 月 27 日	(2)緞帶 2.4 公尺的價格為日幣 216 元，那麼每公尺應為多少元？ 學校的考試題目　第2題 {留下 5～6 行的空間以便作答} 以下類推

對計算拿手的孩子，數學不一定也拿手

計算可說是數學的基本。在小學低年級時，無論學校的作業或在補習班上課，均會讓孩子演練許多的計算題，目的是希望孩子能早日切身學會計算的基礎。結果，許多母親誤以為數學就是計算能力，只要計算良好的孩子，數學也必定優秀。

懂得計算固然必要，但更重要的並不在計算本身，而是要懂得為什麼要出現這般的結果，以及為什麼要使用某種計算法的意義。

例如：這裡A、B兩個題目，A題的內容是這裡有三個蘋果，那裡有二個蘋果，一共有幾個蘋果？另外B題的內容是電線上原本停有三隻燕子，後來又飛來了二隻，一共有幾隻？

兩個題目的計算方法都是三加二等於五，但計算的意義卻不同。A問題的加算是合併的意思，而B問題是添加的意思。孩子不懂何謂合併或添加倒沒關係，但能在印象中分辨兩者間是有所不同卻很重要。

減算也包含計算差距和計算剩餘之兩種基本意義。乘算也一樣，包含如計算7隻獨角仙有幾隻腳的乘算，以及面積的乘算，表示倍數的乘算等三種意義。

除了懂得這些計算的意義，且能在印象中分辨出來，否則就無法演算重要的應用題了。有些孩子對於機械式的計算速度特別快，但在應用題的解答卻無法得心應手。這樣的孩子就算已學到了計算的技巧，但由於不理解其中意義，因此面臨應用題時，就會束手無策不知採用何種計算方式。我認為務必懂得如此加算的意義，或如此乘算又代表什麼時，才算是擁有真正的計算能力。

至於自己的孩子是否懂得計算的意義，母親可經由下文的核對測驗題，即能簡易地查出。核對方法是先讓孩于先計算二加三以及三乘以九，再請他利用這種計算方式製作應用題目。

如果孩子能得心應手地製作題目，即可估且認定他不但沒有計算障礙且懂得計算意義，所以具備應用題也毫無問題的標準。

新學年、新學期時，最容易培育孩子對數學的自信

任何孩子到了新學期，總是充滿興奮的情緒，因為他們又將再次和短暫分離的朋友相聚，而且在稱為「新」的學年，心裡難免充滿期待，好像能預知將會發生不同於過去的新事物。

更何況，課本是嶄新的，有的年級還會更換班級同學和級任老師，學校也招收了新生，讓孩子在新學年中確實地感受到自己進一步的成長，那份期待感也大幅地提升。俗諺說：「一年之計在於春」等，但對於孩子而言，在新學期和新學年這節骨眼上，一直具有重大意義。

在這段期間，孩子的好奇心和挑戰意願都更加提高。因此正是讓課業方面踏出一個新局面的好時機。

迎接新學期、新學年時，母親務必做的一件事是先看過課本，事先查核孩子即將要學習的課程內容。

母親和孩子一起看過課本之後，可以對他說：「呀！這學期連這麼困難的問題也要學習！」「哇！你很快地連這些問題都能懂得」，則孩子對課業的期待即會有增無減，開始產生不同於過去的自信。

在如此給予孩子自信的同時，具體提升孩子學習能力的課業追蹤也很重要。應該探討在這些單元中可能要克服的受挫要點，再從過去學過的課程內容部分來做複習。

這種課業追蹤工作在四年級到五年級時尤其重要。因為這時期的數學內容，會急速地轉為高難度。

例如，發現第一學期將學習分數的加算和減算。孩子最有障礙的部分是分數的通分和約分。為此確認一下四年級所學過的帶分數與假分數的轉換等。若孩子能夠計算就不用擔心，隨著課業的進展，以前漠然的自信會愈來愈落實。

到小學四年級都不曾「受挫」的孩子，就能放心到高中聯考

小學生的數學，無論如何都以四年級為止的課程算是最重要。在四年級為止，數學課程已包含四則運算在內的基本計算方法以及分數、小數的概念，還有面積的新概念也是在四年級學習的。

基本的應用題也出現在四年級。到了五年級、六年級的數學，也總是延伸這些計算和問題，僅多少複雜化一些小數和分數而已。

也就是說，在四年級之前對數學都能充分理解，毫不受挫的孩子，則數學將沒有問題不用擔心。不但如此，國中的數學基本上也是由四年級的數學延伸而上，故直到高中聯考均可放心。

事實上，認為數學棘手的國中生，只要好好地再度理解小學四年級為止的數學，並且略加用功即能逐漸趕上進度。但如果在四年級以前就有數學障礙的孩子，那事態就更加嚴重，務必花費更大的心力奮發振作才行。

前文提過四年級以前的課業尤其重要，理由是數學的基本都在四年級之前完全出現，並由那時期起同時要求具有抽象的思考力。如四年級學習稱為一兆的數字，五年級學習的把全體歸納為一來求得比例，百分比等，都是非得具有抽象的思考力，否則無法理解。

據人類大腦生理學的研究結果，發現在小學四年級左右才能演算含有抽象思考力的問題，故把這些課程留到四年級才開始引進。

把十公分說成一公尺的十％時，要把一公尺當作一；接著若要求十公分的十％時，這又得把十公分當作一。對大人而言，這是極其當然的想法，因為已具有抽象思考的能力。但如果孩子在此因為這個抽象思考受挫，可預期在五、六年級的數學和中學的數學會遭受多麼大的艱辛。

能夠懂得四年級為止的數學，證明孩子除了完成了十進法的進位和四則運算等的基礎之外，同時也成熟了即將變成數學重心的抽象性思考能力。

錯誤的試題回家重考，由母親圈改一百分

前文提及過「錯誤題專集」，下文的列舉算是它的補餘。

特別是應用題的情況，把答錯的題目讓孩子重新抄寫一遍是重要的關鍵。這和國語文的能力有關，對孩子而言，要正確無誤地抄寫像數學應用題那麼短的文章，竟存有出乎意外地困難。

結果不少情況顯示，孩子只要重新抄寫答錯的問題，即能發覺自已不小心的失誤，並當場更改答對。「哇！原來是五個不是十五個」「原來不是姊姊拿到，而是妹妹拿到」，像這麼單純的錯誤，當然能立即修正，同時也落實注意閱讀問題的重要性。

再說，即使不能當場更正答對，但針對怕麻煩而不肯仔細閱讀題目的孩子，能培養他首先仔細閱讀一次，掌握題目內容再開始作題的習慣這一點，就具有相當大的意義。

這種重抄題目、重新作答的作法，母親要替孩子圈改。因為孩子要看到「○」的批改才能落實已答對問題的感覺。只在語言上的誇獎「答得真好」仍然不夠。應採用目視為憑的方式，讓孩子確認「我已能解答這個問題」。

例如，在圈改全部試題之後，在試卷上眉批「答得真好」。

「已經懂得、已經會做」這股喜悅對孩子而言，具有莫大的影響力。高年級的孩子已會思慮：「雖考八十分而已，但總是高於平均分數也算不錯」如此地精算分數，然而低年級時，應讓孩子不要太介意分數為宜。

而且，在未能獲得一百分時，母親應和孩子共同思考其中原因。因為深怕孩子認為「反正我沒有能力達到完美的境界，能答對多少都很滿足」，所以更正錯誤時務必演算到全部正確為止。

由此可見，母親替孩子圈改，明瞭孩子何處理解，何處不懂是非常重要的。

試卷中缺失的分數，表示母親應追蹤的要點

應考國中聯考的模擬測驗另當別論，但關於小學中所進行的平時測驗，並非為了競爭成績的考試，它始終被認定是探討孩子理解程度所做的測驗。

因此，母親眼見自己的孩子拿了只得四十分的考卷回家，並不表示孩子比〇〇人低三十分，而是提示母親在本單元裡，孩子已理解了四成，另有六成不理解，採取這樣的觀點較好。然後再好好核對錯誤的問題，即能牢牢地掌握孩子「受挫」的重點。

當然，試卷上的分數是學校老師的寶貴資訊來源，但是站在老師的立場，觀察試卷上分數的重心是擺放在明瞭全班的平均分數，以及全班同學對某個單元的理解度有多大。

也就是說掌握那個單元的授課效率是否足夠，而不核對各個孩子理解了什麼又不理解了什麼。又如果平均分數為五十分，這代表仍有許多的學生尚未理解，老師

會考慮撥空補充說明。

相反的，平均分為八十分，老師即認定這單元的授課效率已足夠，因而進入了下一個單元。即使其中還有位學生只考四十分、五十分，然而老師也沒有能耐個別追蹤這些孩子。

因此，觀察孩子試卷，確認「受挫」重點的具體追蹤任務，就得交由母親承擔。例如孩子帶回來的試卷，分數雖不好也不要因此而感到惶恐，或和其他孩子比較。不如轉變想法，認為這正是發覺孩子不理解所在的良好時機。請活用「錯誤題專集」詳加追蹤吧！

隨著母親態度的不同，孩子對「分數」的觀點也會改變。

可見分數不好時，孩子是肯定地接受並認為那是教導自己務必彌補課業的契機；或者認為自己能力僅僅如此，就自我貼上「功課差勁的孩子」的標籤，全看母親的態度而定。

能夠自行出題，證明孩子已理解

在課本或問題專集中，每一單元都編列著許多類似的題目，在這種情況下，孩子會產生無法真正理解問題的意義，只會記住呆板的演算過程罷了。

例如有個題目是「每個橡皮擦六十元，買了八個，拿出一千元應找回多少錢？」結果學會了「1000－60×8」的計算式。這時孩子總記得「最前面的數字乘以第二個數字，再用第三個數字來減去即可」。因此照樣地能解答同一類型的其他題目。故乍看之下，孩子似乎已完全理解。

為了核對這點，母親可製作相同內容但改變數字也更換文字次序的題目。例如把問題改「拿千元鈔票，購買了二本各三百元的書，應找回多少錢？」如此即能核對出孩子是否真正了解乘算、減算的意義，以及這些數字為何如此組合演算的意義。

孩子答對之後，母親可以告訴他：「呀！下次換你自己製作一個使用（1000－60×8）計算式來解答的應用題，媽媽想試試看是否會作答？」以這種遊戲的感覺來刺激孩子出題也是一種好方法。

最初題目內容，把橡皮擦改為蘋果，把六十元變成一百五十元就夠了，如果孩子發現拿一千元去購買八個各一百五十元的蘋果，根本就不可能找錢時，也是良好的學習機會。因為孩子能實際地理解到數學問題也有無解的情況。

如果孩子足夠聰明，可能在找錢的問題之外，會有更多的想法。例如該如何改為乘算？或如何和減算組合？

孩子有了這類的思考，即能加深他對數學的理解能力。而且，等他能製作出適當的問題，就能證實他對這個單元已具有充分的理解度。

為了讓孩子喜歡數學，最好忘記應付考試

日本的學校入學考試，包括國中、高中和大學，一律不是資格考試而是採用競爭考試。所謂的資格考試，就如司法測驗一般，只要成績達到一定標準，就不論人數多寡都賦與資格的方式。

相對地，競爭考試是事先限定合格錄取人數，即使成績再好，只要超出於限定人數範圍之內，就認定不合格的考試方式。

由於身處於這種競爭考試制度下學習課業，不得不拿自己和別人來做比較。縱然自己以自己的步調來養成實力，但假如別人以高於自己的步調來養成實力，則自己的排名也相對的低落。

我非常質疑，在這般的環境下，孩子如何喜歡用功？或能感受學習的樂趣呢？

的確，觀察那些上補習班的孩子們，乍看之下也有些是自發性的用功，快樂學習的分子，但是其中又有幾個孩子能真正透過切身學得的新知識，來改變待人處事

的方法，並把這種自我成長的根本學習視為是一種快樂呢？恐怕大多是把考試讀書當做遊戲一般，從用功來獲得高分而感到快樂罷了！

事實上，國中入學聯考的數學題目，為了增加它的困難度，許多題目都已脫離實際生活，有如益智遊戲般的謎題一般。或許有時對靈感思考有所助益，但大多是紙上談兵的數學罷了。

為了培育真正喜歡數學的教育方式，在這種競爭的環境中進行是難盡理想的。按照自己的步調來用功，把學來的理論活用於實際體驗上，才能真正落實數學的樂趣，而且產生更深的求知慾望。

像這樣的孩子，才算是真正喜歡數學的孩子，不是嗎？

因此，我覺得為了培育喜歡數學的孩子，最好不要太刻意意識應付考試為宜。

讓孩子切身學會的是自己本身的思考力而非學習能力

你希望孩子切身學會什麼呢？

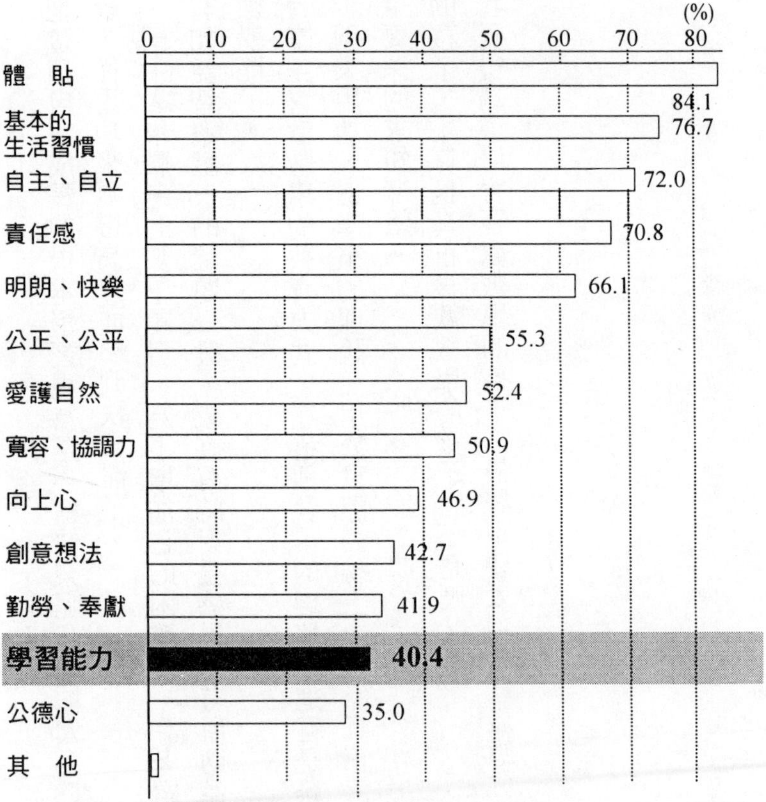

（註）　1. 採錄國小、國中和高中生的家長的回答。
　　　　2. 回答採用複數答案。

(資料) 教育部「有關學校教育和學校每週五日制的意識調查」
　　　(1995 年 3 月)

第三章　讓孩子喜歡數學的研習方式

數學教法的要訣

數學的基本，首要教導「聚集同類」

希望孩子能真正喜歡數學，務必讓孩子仔細了解「數學思考」的基礎。所以下面要接觸的內容雖已曾在前文提過，但再次詳加說明。

所謂「集合」，在印象中是一個難懂的數學用語，它的基本是物以類聚的意思。算術、數學的想法，一律以這個「集合」做為伸展的基石。在我們大人的眼中被視為是當然又極其自然的事，但對孩子而言，卻不易理解。

為了讓孩子切身學會「集合」的感覺，最好的方法是使用身邊的物品來做「聚集同類的遊戲」的教導方式。例如，準備一元到五百元（日幣）的硬幣各數枚。依照金額來分類，孩子都能輕易做到。

接著再依照「有洞的硬幣」「邊緣有刻痕的硬幣」「比一百元大的硬幣」這般分類，讓孩子能發揮各種不同的觀點來學習「聚集」。

例如，孩子發現五元和五十元的硬幣，在某一種分類上會聚集於同類型，但有時又被分開於不同類型。當孩子懂得聚集同類時，就能瞭解不同種類的物品也能成為一個群體（集合）。

接下來，進一步以一個對應一個的方式來比兩個群體的數目（量）。例如，教孩子把十元的銅板分成兩群，每次各於群中拿出一個相互抵銷，最後尚有剩餘的那一群即表示所含的數量較多。然後把十元硬幣分成一群，也可分成十元一群和百元一群，或者把各類型的硬幣混在一起，如此在各群中以一個對應一個的抵銷方式來練習數量大小的判斷力。

也可以不必全使用硬幣。例如桌上的水果、撲克牌都可靈活運用。不需要使用幼兒教育專用教具，最好活用實際的用品，使孩子能親自動手切身體驗。

父母要教導孩子時，務必看課本

我曾受理如下的電話教育輔導。對方內容大致如下：「現在小學一年級的教法和我（母親）在一年級所學的教法不一樣。例如『9＋3』的教法，現在要先把3分成2和1，其中的1和9合成10再加上剩餘的2，所以解答為12記得過去我只被教導死背『9＋3＝12而已。』」

這位母親才三十多歲，應未曾受過強制默記的方式來學會加算和減算。但對於「9＋3」等大人所能默記的計算題。會認為回答12極其自然的事。大部分的父母覺得在答出12的思考過程是那麼地簡單，甚至連自己本身也無法記起過去自己的學習方法。因此教導孩子的時候，要排除自我中心（大人中心），先閱讀過課本的說明之後，再給予指導。

在高年級的數學課本中會出現下列的問題：「阿茂以定價的九折買進塑膠模型，支付一〇八〇元，問塑膠模型的定價為多少元？」

圖①

假定所求的定數為 X

$X(1-0.1)=1080$

$0.9X=1080$

$X=1080\div0.9=1200$

A. 1200 元

圖②

本題以線圖表示如下：

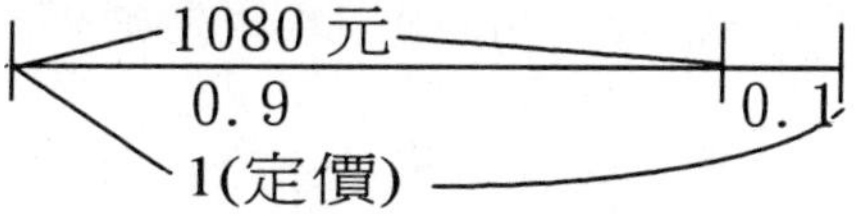

假如定價為 1，則 1080 元就是 1－0.1 即為 0.9。現在假設定價為 X。

$X\times(1-0.1)=1080$

$X\times0.9=1080$，$X=1080\div0.9$

$=1200$ 元

答：1200 元

有些父親以上圖①的方式教導孩子。那是使用一次方程式的方式來解答，但由於小學生尚未學過方程式以及文字式的計算，故幾乎所有的孩子都無法理解。

所以，教導小學生應先如圖②一般畫上線圖，再做指導，才是適當的方法，有人認為兩者並無太大差異，但圖②的方法才是適合小學生的教法。

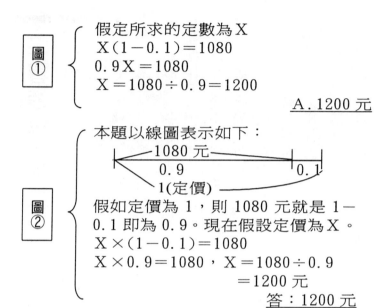

學習進位，要採用小磁磚或沙包來做具體的教導為宜

小學一年級最難的部分，是加算的進位和減算的退位。這個問題若如同過去僅以數字來教導，讓孩子呆板地感受數目的多寡，是很難牢記量的概念。

這種教法對於大人當然能輕易了解，但換了小學一年級的學生，由於不曾伴隨量的操作練習，因此孩子的理解度產生差距的個案也甚多。

現在若使用小磁磚讓孩子操作，就能清楚向上進位的結構。請看下圖，1塊磁磚以一個□代表，10磚就以□□□□□□□□□□表示，定為1條代表10。

例如，被加的磁磚8塊和添加的磁磚2塊，一共合計為10磁磚，成為1條。要點在於個位數的磁磚每個代表1。如果有磁磚1條又1塊即表示是數字11；又如果有磁磚2條又3塊，即表示23。

教導孩子磁磚加到十個時即形成一條，以便理解為何要移向十位數。這種情況，利用磁磚當教具，即能明瞭量的變化。告訴孩子11個數字代表有1條又1塊磁磚，

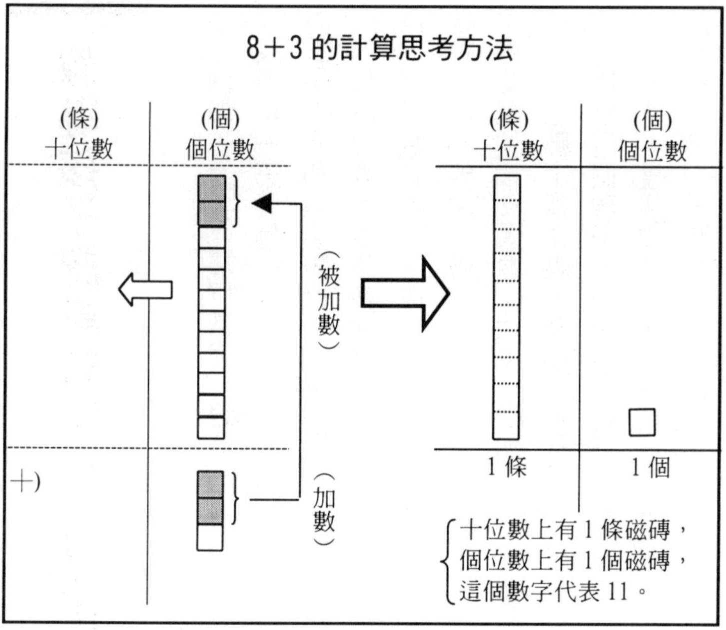

也表示有11小磁磚的意思。

另外，孩子也容易理解以1條的「1」和一個的「1」來表示「11」這個數字。

假如使用磁磚當教具，孩子即能更加了解11中的個位數「1」和十位數「1」，雖同是「1」但卻有完全不同的含意，結果孩子要從個位數進位，或由十位數退位時，就不致混淆不清了。

教導孩子認識數字代表順序也代表量

例如，「五」這個數字，包含「五人（枚、元、g……）」種種代表量的意義，以及表示「第五個」的順序意義等兩種含意。這對於我們而言是極其自然的事，但對於頭一次和數字際會的孩子卻難以理解。

父母想教導孩子數字的時候，大部份的家庭都由數數字開始。常聽說「我家的孩子可以數到十」，或者「我家的孩子數到三十也不成問題」。這時母親一不留意就會誤解「能由一數到十」即是「理解十以內的數」。但是，大多的情況下，孩子不過是記住「一、二、三……」的文字，或記住讀音的順序罷了。也就是說，孩子首先是把數字當作表示順序來認識。

假定這個孩子，能夠數沙包到十為止。

這時，這個孩子固然懂得「最後的沙包是第十個」，然而卻不能立即與「這裡有十個沙包」連貫在一起思考。

教導孩子了解數有兩個意義的方法，包含讓孩子透過視覺體驗的方式，例如使用卡片或磁磚。首先放一張，鄰邊放二張，接著放三張……順序排列，使孩子體會順序愈後，其量也表示愈多。

例如，讓孩子數「一、二、三、四」再告訴他：「對！這是第四塊，而這裡共有四塊的磁磚」，如此讓孩子意識到「第四塊」和「四塊」兩者的含意。

又如，撲克牌上面所標記的數字，以及骰子等都值得善加利用。

父母務必抱持的心態就是不要忘記「孩子不懂是應該的」。要有耐心地陪伴孩子玩排磁磚的遊戲，直到孩子不必依賴排列磁磚即能得知這裡有三塊，那裡有五塊的程度為止。

把僅更改數字的自製問題專集當作禮物送給孩子

研習數字首先當然以課本為基礎。然而，讀完課本後又該如何呢？購買參考書或練習專集給孩子也是一種方法。如果父母有空，也可自己製作問題專集。這件事並不困難，下面是要領提示。但這裡只列舉應用題而已。

至於計算問題可參照教科書，改變數字即能隨意提出類似問題。答案請母親事先用電子計算機計算完畢。

〈低年級的情況〉

「電線桿上停有五隻鴿子，又飛來了三隻，共有幾隻鴿子？」這類的應用題，任何出版社的課本都會出現。利用這類應用題，把數字的五和三更改為其他的數字，即能形成新的問題。

〈高年級的情況〉

「長二・五公尺的鐵線重〇・四公斤。那麼一公尺的鐵線有多少公斤重？」這類的問題出現在小學五年級的課本上，現在根據它來製作問題看看。

為了替對小數應用題棘手的孩子設想，首先把小數置成整數。「長六公尺的鐵線重三公斤，那麼一公尺的鐵線有多少公斤重？」這是求每公尺多重的題目，也可以更改成求一公斤的鐵線應有多長的題目。

例如：「長六公尺的鐵線重三公斤，那麼一公斤的鐵線有多長？」等孩子均能無誤地解答這些問題時，再回到含有小數的題目。如：「長五公尺的鐵線重○・八公斤，那麼一公尺的鐵線重幾公斤？」

另外，也能製作計算重量的題目，例如「一公尺的鐵線重○・一六公斤，那麼二・五公尺應重幾公斤？」還有求長度的問題是「一公尺的鐵線重○・一六公斤，那麼○・四公斤重的鐵線應為幾公尺？」

略動腦筋就能提出五個應用題。若更換數字，則能再出五題。故請父母製作這種自製的問題專集，必定能促使親子一起快樂的學習。

計算問題要留存中途的算式，不要心算

不用說，計算能力的養成是使孩子喜歡數學的方法之一。但是，有些孩子認為計算問題只要解出答案即可，其他並不重要，那是不對的。這種孩子傾向過於輕視計算過程，單靠心算作答。但請認定依賴心算的學習法是無法切身培養數學的真正實力。

依賴心算就是只靠著頭腦思考問題，固然具有幫助腦筋運轉靈活的優點，卻別忘了沒有踏實的學習會產生對數學棘手的缺點。常看見喜歡心算和不寫計算式子的孩子，如面臨略需思考的應用題時，就變得一籌莫展。

本來解答略具複雜的問題就得在筆記上記下自己的想法並畫圖來解題，才算是常軌，但心算的孩子就無法做到。據說心算和計算馬虎的孩子，計算問題的答對率也低。下面分別列舉好的例子和壞的例子。

好的例子在計算過程中都留下計算方法，萬一發生錯誤也能發現出錯的地方。

＜好例＞

（1.908＋0.885）÷0.57＝2.793÷0.57
　　　　　　　　　　　　＝4.9

↑等號要如此排列整齊

```
   1.908
 + 0.885
 -------
   2.793

              4.9
        ---------
 0.57 ) 2.793
        2.28
        -----
         513
         513
         ---
           0
```

留下算式

＜壞例 1＞

（1.908＋0.885）÷0.57＝2.793
　　　　　　　　　　　＝4.8

這裡 2.793 和 4.8 竟然相等，而且不知道計算的失誤發生在那裡？

＜壞例 2＞

（1.908＋0.885）÷0.57＝4.9

答案雖然正確，但不懂得計算方法。

最初可能覺得有些麻煩，但只要切身養成這種作法，答對率必定提高，計算能力也又快又正確。

壞例中的1和2，由於均沒完整書寫計算過程，故無法得知錯誤癥結所在，不但孩子無法解決，教導的一方也覺得困擾。

有的高年級學生，仍採用壞例中的1來解答複雜性計算題，請多加留意。

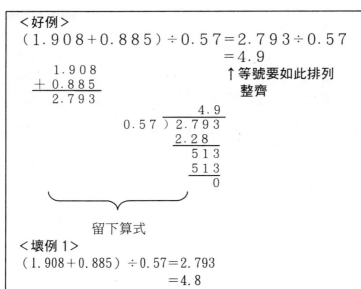

出聲朗讀應用題，再抄寫在筆記上，成績即能進步

有些孩子對計算毫無問題，但應用題卻錯誤連連。仔細觀察那類孩子們，很多是沒有詳細閱讀題意，或者可說是讀了題目，但內容卻沒有吸收到腦海裡。

「購買一打每個八十元的乒乓球，支付千元鈔票，應找回多少錢？」

這種應用題屬於小學三年級的課程，是答對率偏低的問題之一。因為乘算和減算混合一起的問題，對三年級的孩子略嫌困難。更河況又有稱為一打之如此陌生的文字存在，更顯得困難。

故想答對這個應用題就必須了解「每個八十元、一打、千元鈔票」這三句文字。要把這三句文字吸收到腦海中，僅靠默唸仍不夠，應該出聲朗讀應用題才行。如果孩子認為大聲讀出來難為情，其實動動嘴唇也可以。這種結果，不但不會漏讀文字，經過幾次閱讀之後，即能懂得關鍵語句。

筆者在此要建議各位，讓孩子讀過一次之後，再把這些應用題抄寫入筆記上。

在抄錄文章當中，全部的印象會浮現眼前，而且明白發現不懂的字句。例如孩子不懂「一打」這句話而無法解答應用題，但經過抄寫之後，即能辨知何處不懂。

出聲朗讀或抄寫應用題的作法，可以防止遺漏閱讀時不小心的失誤。再說，心中更能建立文章內容的印象。

所以，趁低年級時，就得養成朗讀和抄寫應用題的習慣。只是如此簡單的事情，就能毫無疑問地提升孩子的數學成績，故請務必付諸實行。

應用題必須先讓他看過題目、再畫圖形

對數學應用題感到棘手的孩子很多，常見他們看過問題後，手就僵住不動。若說數學過敏症的絕大因素出在應用題上也不為過。前面敘述過抄寫題目的重要性，這裡要教導孩子把應用題變得拿手的另一種方法。

「小明原來有十五個沙包，後來小華又給他數個，結果小明的沙包一共有三十五包。那麼小華給他幾個沙包呢？」

這個問題出現在小學二年級。能夠輕易答對的二年級學生，認定他擁有相當實力應該錯不了。

由於文章中出現「一共」這個文字，讓許多孩子以為是「加算」。為了避免發生類似失誤，讓孩子畫如圖①的圖形。

二年級的孩子應該無法靠自己的智力畫這種圖形，所以母親必須親自加以提示。如此一來，二年級的孩子也能畫圖解題。

圖①

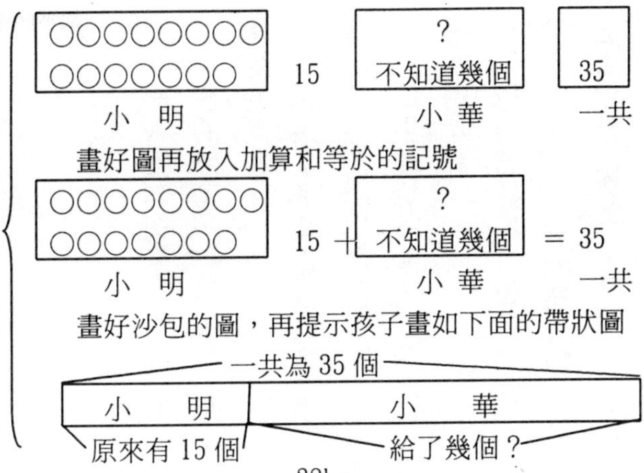

圖②

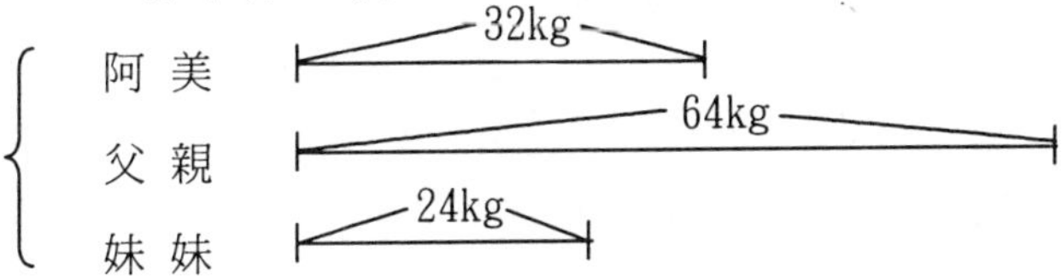

「阿美體重32kg，父親體重64kg，妹妹體重24kg。現以阿美的體重做標準，那麼父親和妹妹的體重各為她的多少倍？以分數或整數來表示。」

這個問題在小學五年級時學過。如果是五年級的學生應該能夠畫出如圖②的線分圖。

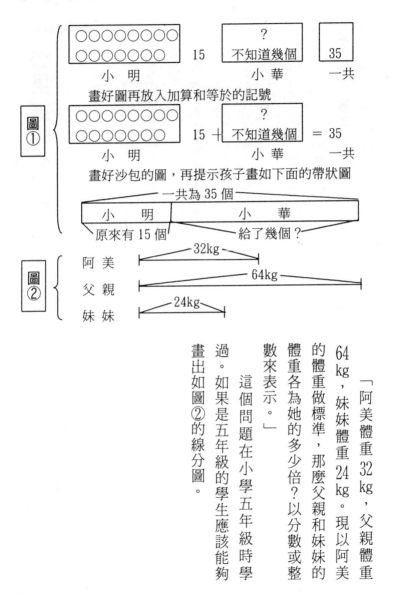

如果搶先教導孩子「怎麼計算」，就無法培養孩子的思考力

「A撿到栗子二十四個，B撿到栗子十八個。誰撿得多？多幾個？」這是小學一年級的問題。「橘子共有十六個，每人分二個，則能分給幾個人？」這是小學三年級的問題。

如果孩子問起這些應用題，你會如何回答呢？「請仔細看過題目，求的是相差幾個，當然是使用減算」，這樣作答的母親還算不錯，但大部分的母親可能只回答：「應使用減算」。第二個題目，以大人的眼光而言也是極為簡單，故大多只回答：「使用除算」。

母親若採用這般的對應方式和教導方式，孩子難免成為無法深入思考的人。例如他會回答：「因為母親告訴我使用減法，所以就用大的數24減掉小的數18，即24-18=6，答案是6個。」雖然6這個數字是符合答案，但本應用題的正確解答是「A多了6個」。也就是說，若母親先告訴他「使用減算」，孩子即不加思考內容，

只運用計算要領罷了。

第二個題目是用大的數16除以小的數2，即16÷2＝8　，「答：8人」，如此作答的孩子甚多，可是教導孩子為何要使用除算是個重點。因為孩子不懂得使用減算、除算的原因，故千萬不可採用斷定性的「這是減算題」或「這是不可用除算」這類語詞。

這樣一來，他會逐漸變成只關心結果和答案的孩子，長大之後也成為不會深思熟慮，只等待被指示的人。

數學有趣的所在，可以說在於「懂得」為什麼採用「加算」？為什麼採用「除算」？許多父母不經心地憑藉大人的感覺來教導孩子，其實應該明瞭愈是低年級的問題，愈不容易教導。

懂得乘算和除算的關係，即能感受數學的樂趣

在小學二年級和三年級的乘算和除算，正是基礎數學的重要學習項目。雖然這些項目也常被誤以為能夠計算即可放心，事實上能夠讓孩子理解乘、除的個別含意也具重要性。

身為父母，看到孩子能運算乘算和除算時總會放心，但在此要說明一下乘算和除算的意義，以及相互間的關係。父母方面若能正確地掌握乘除的意義，當教導孩子應用題時，將頗有助益。

乘算有三個意義，不過下面所說明的僅是出現於三年級之前的乘算。「這裡有五隻蜻蜓，每隻有四片翅膀，那麼全部的蜻蜓一共有幾片翅膀？」這是出現於二年級的問題。這題的解題算式是「每隻蜻蜓的翅膀數目×幾隻＝全部的翅膀數」，以數字表示即「4×5=20」的乘算式子。這就是乘算的基本意義。上了六年級之後，這樣的想法仍然重要。

透過這個算式，延伸了兩種除算的意義。第一種除算是「全體數÷每單位數量＝幾個單位」；第二種除算是「全體數÷幾個單位＝每單位數量」。

以第一種除算為例，會出現的問題如「蘋果二十個，假如每人分得四個，可分給幾個人？」這類所使用的專門用語稱之為「包含除」。

第二種除算出現的問題如「有蘋果二十個，分給四個人，每人能分幾個？」，每人等分幾個的意義稱之為「等分除」。

這兩個應用題都是採用「20÷4＝5」的除算求解，但嚴格區分，意義是不同的。如果教導的一方懂得由一個乘算來思考兩個除算，那麼也能明瞭孩子「為什麼不會除算的原因」。

像這樣的兩種除算意義會在三年級學到。至於求某個單位數量的除算，和五年級所學的「比例」和「速度」具有密切關係。因為「比例」和「速度」都是在求取「每單位的數量」。由此可見，乘算和除算的關係密不可分，孩子若知道數學如此有趣，當然會最喜歡數學了。

以遊戲的感覺練習單位的轉換
讓孩子切身學得抽象的思考力

抽象的思考力由小學三年級的數學中逐一地出現，到了四年級時抽象思考力的形成已成為主流。因此，把是否切身擁有抽象的思考力，視為三、四年級數學的最大關鍵也不為過。

例如：三分之一公升加上三分之一公升，一共為三分之二公升。同為三分之一，但三分之一公升和三分之一公合是不能相加的。像這樣在沒有相同的單位之下是無法計算和比較幾分之幾時，就必須有抽象的思考力。

因為一公升為一〇〇〇毫升，而一公合為一〇〇毫升，所以十公合就稱為一公升，這些單位若畫圖說明就容易理解，如果僅靠數字來解答單位換算的話，孩子會產生混淆。

孩子能立刻說出一公尺等於一〇〇公分，那麼問他一平方公尺等於多少平方公分時，大多會回答一〇〇平方公分，很難回答一萬平方公分的正確答案。這個問題若能畫圖加以解說就容易明白。

接著又問一平方公分等於多少平方公厘？一平方公里等於多少平方公尺，孩子更是昏頭轉向。

另外，等孩子了解一平方公尺等於一萬平方公分之後，若反問一萬平方公分等於多少平方公尺時，孩子又得停頓思考一陣子。

因為孩子尚未充分地具備抽象性思考力，所以不懂得單位的轉換，也無法倒轉思考。相對地，有了某程度的抽象思考力，而且轉換單位也沒有問題的孩子，即能有倒轉思考的能力。

在家裡，母親如果能和孩子在遊戲中練習單位的轉換，對切身學得抽象的思考力有益。只要能轉換公尺、公分、公厘這些單位，孩子就能切身學會位數的概念，同時理解如一兆那般抽象的位數，以及能演算面積單位的轉換。而且持續練習的結果，孩子就會發覺數學只要能找出定律，就可輕易地解題。

學習參考書的選擇方法

下文要說明如何選擇學習參考書，以及具體的方法。

（學習參考書的種類）

學習參考書粗分為三種。第一種是普通參考書，書本厚度約二百頁到四百頁左右不等，內容除了詳細解說外，又相繼提出例題、類似題、練習問題等為其特徵。第二種是問題專集，書本約有一百五十到二百五十頁，大多區分成基本問題、標準問題和應用問題三個階段。第三種是類似題的形態，約有一百頁到一百五十頁，大部分依據教科書出題。

其中參考書和問題專集又個別分成兩類。一類是應考用（國中聯考）的學習參考書，主要給四年級以上的學生專用。另一類是補習用，由一年級到六年級為止都有。

（先決定使用目的再選學習參考書）

應考用和補習用的參考書內容差異甚大。所以首先決定是否應考國中再作選擇（只是由一年級到三年級為止，幾乎沒有應考用的學習參考書）。

學校教科書的題目與國中聯考的題目，有相當大的難度差異。如果單靠教科書的學習，國中聯考鐵定無法成功。據說國中聯考試題中有些連正在明星大學就讀的學生也無法解答。

例如，龜鶴問題、消去問題、牛頓問題和數列問題等，在任何教科書上都不曾出現過，但在聯考中卻是經常出現的項目。而且又不准使用方程式，所以才需要備有應考用的參考書和問題專集的必要。

至於補習用的參考書、問題專集和演算集，不妨認定內容與教科書大致相同。只不過是題目比起教科書較需思考，至於困難度並無太大差異。

因此，考生使用補習用的學習參考書來做應考準備定無效果；相反的，不參與聯考的人也無法理解應考用的問題專集，毫無用處。所以，先要確立目的再選擇學習參考書，才是應有的設想。

希望在家裡多教導孩子一些事情

家庭教育能力降低了嗎？

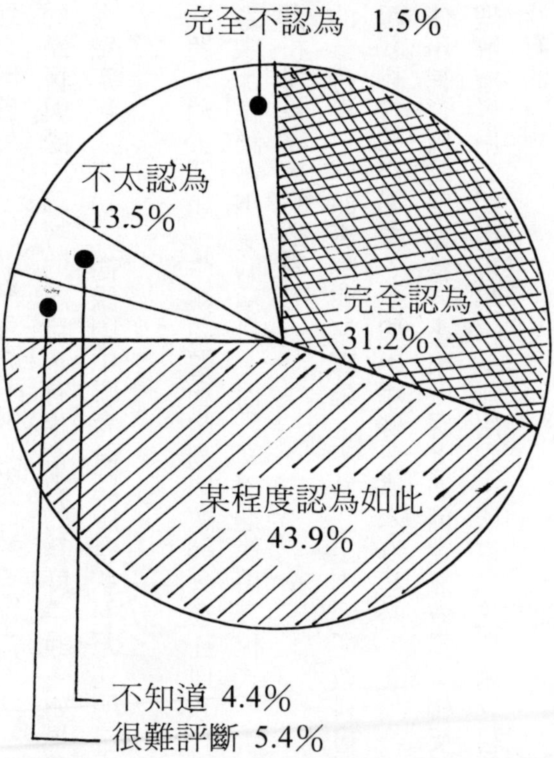

(資料) 根據總理府文宣「有關青少年和家庭的輿論調查」(1994年5月)

第四章　養成孩子喜歡數學的用功習慣

培養孩子努力動腦的方法

研習數學，不要限時「寫幾分鐘」，規定「寫到那裡」的範圍才好

例如：和孩子約定每天國語和數學各用功三十分鐘，眼見孩子坐於書桌前，但到底集中用功的時間又有多少呢？

對孩子而言，那一段時間雖然是相當痛苦的時候，但坐在桌前打發時間也算容易。那時孩子的腦海中早就飛向電視和電動玩具上面，大多一面眼睛瞄著時鐘，一面勉強動筆的情況。這樣或許能夠讓孩子養成一些忍耐力，至於學習能力就幾乎毫無正面的效果。

尤其督促低年級的孩子用功時，與其限時「寫幾分鐘」，不如規定「由這裡寫到那裡」那般限制分量和範圍的方式才好。而且告訴孩子說：雖然預定三十分鐘，若你能十五分鐘做完，剩餘的十五分鐘就讓你自由活動。

反過來，你如果磨菇拖延不認真的話，則不論做了四十五分鐘或者一個小時，都得做完為止。

如此才能排除孩子「想玩」的心態，轉換成「集中力」。孩子一心想玩，所以把功課愈快做完愈好。如果是聰明的孩子會在計算上下工夫，並和加快計算速度環環相扣。甚至有的孩子會以遊戲的心態向用功時間挑戰，例如「昨天花費了二十分鐘，今天要在十八分鐘內結束」。

看見孩子提早結束了交待的功課，母親容易脫口而出：「那麼，再做一題吧！」但這是絕對要不得的作法。因為孩子若產生「受騙」的感覺，會失去對父母的信賴，以後不論集中力或努力工夫將全部拋棄。

因為孩子會想：「反正做完功課還會被追加，故倒不如把最初的分量花費全部的時間去做。」

進入高年級時，讓孩子自我決定分量也好。如果能養成自己決定目標達成目標的習慣，到了國中、高中務必依靠自己能力用功時就大有幫助。

小學生做功課時間的基本標準是「十分鐘×年級數＝每科的用功時間」

針對小學生用功狀況，參與國中聯考的孩子能獲得廣泛的資訊。資料顯示，低年級時每天用功二～三小時，高年級時增加為五～六小時等。母親得知這些消息後，縱使自己的孩子不參與聯考的孩子，心裡也總是忐忑不安。

至於要參與聯考的孩子，低年級時就得用功三個小時，可能嗎？果真可能，又是否有效果呢？再說有這種必要嗎？令人大為質疑。何況，只要跟著上學校的課業進度，或不接受聯考的孩子，應不必要如此用功。

我認為普通用功時間可定為十分鐘×年級數就足夠了。也就是說，一年級的用功時間分別為國語十分鐘、數學十分鐘；三年級的國語三十分鐘、數學三十分鐘，如此這般。

或者改為低年級二十分鐘、中年級三十分鐘、高年級四十分鐘也可以。當然要如同前文所說，不要限定時間，而是配合時間來規定課業分量。

關於這一點，並非把全部功課留到週六和週日之空閒時間才做，要每天點滴實行才有效果。尤其是數學的情況，學習過後要儘早複習，由於理解度偶而會有變化，故不要堆積功課。再說，計算練習有如培養基礎體力的慢跑和體操一般，必須每天點滴的學習最有效果。

大致上可設法一半時間練習計算，一半時間做應用題即可。在教材方面，無論利用教科書，或使用適當的問題專集和演算集均可。當然多餘時間可以挪出來，和母親共同複習當日不懂的學校課業。

至於做功課的時段，也無嚴格規定的必要。估且規定放學後立刻用功，再視實際的情況，時而在晚餐前用功，時而在晚餐後用功。

親手製作可演算十分鐘的計算題讓頭腦進入用功狀態

常有母親找我商量：「我家的孩子坐在書桌前，久久磨菇不完，不肯馬上用功。」其實這也難怪，尤其是數學等，孩子蓄勢待發之前總要一些時間。

在此介紹如何順利開始著手研習數學的要訣，務必加以活用。

假若每天決定用功數學五十分鐘，可以把最初的五分鐘或十分鐘當作解答簡單之計算問題的時間。

這些十分鐘的演算題可全部交由孩子自由製作，五年級的孩子製作三年級開始的程度，六年級就製作四年級開始的程度。

這種方法對難以引發動機進行用功的孩子頗有效果。解答簡單的問題，等於是頭腦的暖身操，接著就能集中精神進行數學的用功。這類演算題市面上雖有銷售，但如能由高年級學生自己製作將更為理想。低年級的情況，請父母代為製作。父母可參考計算題目較多又附有解答的問題專集。

（十分鐘演算題的製作方法）

以每次十題，引進低兩個年級程度的計算問題為重點。如果是三年級就由一年級，四年級就由二年級程度出題。（至於一年級就由一年級開始，二年級也由一年級開始）。此時要注意孩子難懂的計算問題。這樣的演算目的是讓孩子，能迅速動動腦順利地進入用功狀態，千萬不要讓他感覺討厭煩膩。如果規定每週研習數學三次，故計算三（次）×五十（週）＝一百五十次。所以知道製作一年份一百五十題的演算題就足夠了。

比較理想的出題方式是一次十題，其中四題選擇低於兩個學年的題目，四題選擇低於一個學年的題目，剩下的兩題是本學年的題目。還有開始時選擇較容易的問題，慢慢地再加深難度。到了高年級（有的孩子也可能由三年級開始），該孩子自己親自製作，保證能獲得相當不錯的效果。

數學筆記，可以讓孩子大方一點地使用

不用說，在培養數學能力方面，筆記簿的使用法是非常重要的。雖然許多人尤其是女孩子，總是希望把筆記書寫得乾淨一些，筆算或錯誤的式子、答案都捨棄不留，只剩下正確的算式，甚至只有正確的解答而已，如此地把筆記簿書寫得有條不紊。另外有些孩子為了節省筆記簿，有時會在同一行繼續寫下一個問題，又把圖形等畫得相當小，無法看懂其意。

這種使用筆記簿的方法，由善用物質的觀點來看或許值得誇獎，但為了考慮提升數學的能力，可就乏善可陳。

數學筆記簿的重要性在於能一眼看出思考的過程，能夠比較自已的想法和老師的解法，即使最後答錯了，也能清楚看出錯誤的地方。因此，雖然覺得多少有些髒污，或多少有些浪費，但是途中的算式和計算應含括錯誤部分，一起留存於筆記上才好。

所以在寫數字功課時，除了單純的錯字或寫錯數字之外，原則上不要讓孩子使用橡皮擦。發生錯誤的算式、計算和答案時，均以打×做記號，一覽無遺地留下來。計算用紙，用後立刻丟棄也不好。不妨把筆記的一半區分用來書寫算式和解答，剩餘的一半書寫計算，也是好方法。

或許覺得這種作法有些浪費，但孩子一旦能大方的使用筆記，相對的孩子就能仔細計算，萬一算錯，也能一眼看出到底是想法錯誤或計算錯誤。假如是計算錯誤，那麼到底錯在哪裡？結果，孩子的數學能力也隨之進步。

希望使用乾淨筆記簿的孩子，也偏好使用F或H型的硬式鉛筆。但使用這類的筆，在書寫許多字之後容易疲倦，以後再度查看時，字跡也不易清楚。因此，尤其針對低年級的孩子，給他使用HB和B等的軟式鉛筆為宜。只是些微不同的使用感覺，對孩子而言，即會大大的左右學習的意願。

讓孩子報告學校當天的學習成果，就是良好的複習

如今，以大欺小的問題已成為社會上的「熱門」話題。根據報導，像父母無法掌握孩子受欺負的狀況之個案，似乎不少。的確，由小學高年級升到中學之後，孩子就不大願意向父母訴說學校的事情，然而是否從低年級就養成把學校狀況告訴父母的習慣，情況將大有不同。

所以父母為了掌握孩子的狀況，能讓他告訴學校裡的狀況是很重要的。低年級的孩子，幾乎願意向父母傾訴，只要母親提供動機，大多喜歡訴說。故養成這種習慣後，才能在進入反抗年齡期間建立良好的親子關係。

而且，父母在打聽當日學校學習內容的同時，也提供了孩子良好的複習機會。

當父母核對孩子功課表，發現有數學課的日子，應問他：「今天的數學課學了些什麼呢？」孩子即會努力回想可能將於下一次數學課就忘掉的當天學習內容。這也是有效果的確認作業方法。

孩子若回答：「今天學了四捨五入，但是對於為何捨去為何進入，我不太懂。」父母就能及時在考試前發現孩子不理解的地方。緊接著母子自然會談論到「以後和媽媽一起算算看。在下次數學課前達成了解才好」。

尤其是數學課，在剛學過不久的複習工夫相當有效。縱然課堂上有些不了解，只要回家穩定情緒再次思考，往往能茅塞頓開。

相反的，等到學校課程已進入下一個單元，才重新複習的話，那花費的苦心可就大費周章了。所以培養孩子「複習當天功課」的習慣，也意味著與孩子談論學校功課內容的重要性。

放學回家立刻複習十分鐘 效果相當於一週後用功一小時

有些母親常問我，在家裡應該採用什麼方法督促孩子用功。這時我會回答：「十分鐘也好，當天功課當天複習。」

這和人類的記憶力有關係。據說一個人當天記住的事情，到了隔天會忘記七〇%，一週後就只記得二十%而已。這正是有名的 Ebinghouse 的遺忘曲線，也就是曲線急刻地向下滑落。可是如果當天曾經檢查複習，那麼曲線就會向上提升許多，表示不容易忘記。

若問孩子：「規定一星期內完成的家庭作業，是在當天完成或交作業的前一天完成，哪一種情況吃力？」大致回答「交作業的前一天完成較費心力」，甚至有些孩子會說：「當交作業的前一天再做功課時，早已忘得一乾二淨無從做起！」

所以要經常告訴孩子：「老師指派一星期繳交的作業，也務必在當天完成。因為那會輕鬆許多，而且當天完成功課的話，即使經過一週後再次遇到相同的問題，也一樣能解答。」

在學校或補習班，給小學生提出數學作業題時，幾乎都是複習用的功課。老師出題的意圖是讓孩子不忘當天所學的課程，以便往後能輕易回想出來。所以無關提出的繳交期限，若不能當日完成家庭功課，幾乎都會有困擾。

複習的方法也不難，只要邊看筆記簿或教材小冊子，回憶課堂上「老師在此是如此說明」也就足夠了。

當然能實際的解題更好，但只要回憶課堂上學了什麼，查證一下老師提示過「這裡很重要」的地方，就能促使記憶鮮明。是否進行複習將會造成很大的能力差距。若在當天複習十分鐘所提升的效果，在一週後做同樣的複習卻得花費一個小時。可見當天的複習是具有其重要性。

學校考試平均八十分的孩子不用刻意上補習班

補習班的存在雖然有贊成和否定兩種論點。但事實上，由低年級就開始上補習班的家庭日趨增加，高年級之後，沒上補習班的孩子卻成了少數。結果母親會擔心，稍不留意就跟不上別人。

但是，我認為那些上補習班的孩子，並非各個都有必要參與補習。最近，補習班變成了孩子的交際場所，許多孩子都因為有朋友在那裡，所以才想跟著前往。

上補習班的爭論要點之一是，把家庭教育推卸給補習班執行。固然補習班裡有專業的老師，但孩子在補習班的時間，最多一週一次到兩次。老師是不可能把每日的課業配合各個孩子仔細地教導。說得刺耳一點，把孩子送到補習班才能安心的母親，無非是撒手不管家庭教育。

所以，在低年級時，儘量不要參與補習，改採用「發現挫折測驗」等，由母親親自檢查功課。

無論如何，知子莫若母，母親應該能夠做好最適合孩子的指導。

進入三、四年級以後，教導方法開始有難度，故我認為可允許參與補習，這種情況下仍應以考試分數做標準，懂得的孩子是不必上補習班。只要平均分數達到八十分的孩子，也無刻意前往補習班的必要。

選擇的補習班要具備如下條件：首先老師最少要有二～三年經驗且教導有方；補習班具備五年以上的實績且信用可靠；不僅訓練計算也以應用題為重心的教導方式。數學的情況，教材和設備固然重要，但如何教導思考方法卻是重點，故老師的教導能力更為重要。

另外，計算能力須透過每天在家的點滴練習較有效果，所以把應用題委託補習班教導，計算題留在家裡教導，這種分工合作式的教育方法較有效率。

建立學習計劃，成績必定會進步

●建立齊全的學習計劃

數學是著重累積學習的學科。因為學習當日就有複習的必要，數日後又得再次解答同樣的問題，確實牢記內容。因此，設法建立學習計畫是重要的。

建立學習計劃的要點是技巧地組合短期、中期、長期的計劃，方便定期的複習。對小學生而言，短期目標是一天，中期是一個星期，長期是一個月。下面列舉一個例子。

●三年級的例子

如下頁的圖表，由星期一到星期五的共同點，是撥空讓孩子一回家就能立刻複習。因為不論誰都會在一天內忘記七〇%的記憶內容。這就是前述過有名的Ebinghouse 的遺忘曲線。因為這個曲線證明於二～三小時內進行複習正是最好的方法，所以當天學習的功課在當天複習是鐵的規律。

每天的預定表

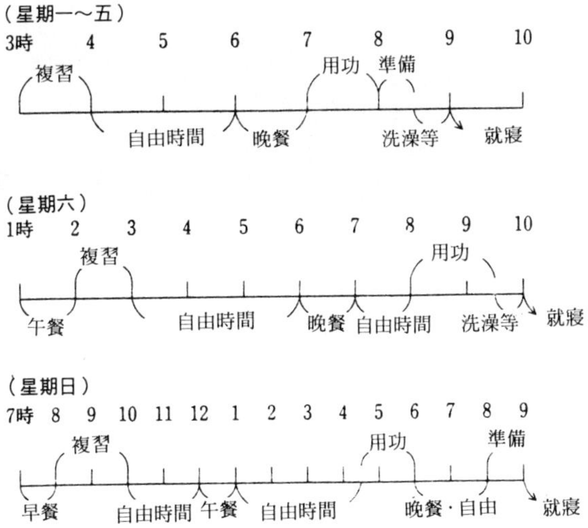

由星期一到星期五的共通點是在就寢前都有「準備」時間。這是用來檢查隔天上課的教科書和筆記用具等，並且核對功課表明白學習的科目。

另外，在就寢前的用功時間，是由於心理學已證明用功後接著從事運動或熱衷電視節目等，即會忘記大部分的內容。相反的，用功後趁早就寢，即能牢記學過的東西。能夠利用這些現象，考量有效率的用功方法，定能使功課進步。

另外，星期日的計劃，對於趕不上進度的孩子應著重於複習，跟得上進度的孩子則可採用自由用功為重心。當然，不論任何一天都應以家庭功課的時間最為優先。如果平均分數在標準以上的孩子，使用這個預定表中複習時間做家庭作業是最好的方法。

學校老師也沒注意到

發現孩子挫折的數學檢查測驗

目　錄

本測驗的目的

本測驗是觀察具有多少基礎能力和能夠「答對」多少的測驗。本書的前半章提過，不僅要「答對」，「懂得」也很重要。為了要「懂得」，就務必穩固課業的基礎部分，也就是課業根基。因為當某處受到挫折，後面的課程就得大費周章，孩子也深感厭煩，所以可利用本測驗探求弱點，避免孩子討厭數學。

透過本測驗，即能明瞭孩子在 1 年當中，對學習過之數學內容的理解度，以及受挫折的癥結所在。而且本測驗也詳細解說有效率的用功法，除了可為截至目前為止的學習做個總複習，也必定成為飛躍新學年的踏板。再說問題都經過多方設想命題，連學校老師也無法發現孩子的弱點，都能經由評估中窺見。

因此，保證孩子一定能充滿自信精力充沛，由今天起再接再厲地努力用功。

本測驗的結構

由 1 年級到 6 年級的測驗問題均有登錄，並以 100 分的評分為滿分。蒐集各學年必須學習的問題。也針對各個問題做如下的解說。①學習內容的說明②易受挫折的檢查要點（易受挫折的注意點）③幫助孩子答

對的忠告④解答。

讓孩子做本測驗時的注意事項

由於本測驗具有前述的特色和目的，所以接受測驗時，要告訴孩子如下：

「本測驗不同於學校的作風，並非用來審查成績的好壞，所以，做得不好媽媽也不會生氣，你也不必介意。就以發現自己弱點的心態輕鬆地做吧！」「本測驗可以發覺出你對數學棘手之處的所在。只要知道何處受挫，就更加努力研習即能改善。故預料你將願意在家用功，成績也能蒸蒸日上。」「本測驗如果由 1 年級依序做起，即能將學習內容全部複習過，因此，進入下個學年已無困擾，學校的功課一定更稱心順利。」無論如何，務必讓孩子輕鬆地參與本測驗。

本測驗的評分和對應法

評分的方法會在各學年的測驗問題中列出。本測驗要請父母幫忙計分。希望孩子務必要答對的基本問題，其分配的分數也較高。

評分高於合格基準分數 80 分以上的孩子，即能充分銜接下學年開始的課業，並認為已切身學會學習的方法和習慣，大可放心。至於未能達到基準分數的孩

子，大多是尚未養成自立學習的習慣。現在開始還來得及，請參考解說督促孩子養成在家用功的習慣。這時，一開始不要放任孩子自行做題，由父母陪伴在旁給予適當的建議和鼓勵才是重要。

還有未能達到基準分數的情況時，務必也要練習低一個年級的測驗。某學年不合格就降低一個學年的測驗來做，以此類推，就能清楚看出孩子是由哪個學年的哪些項目開始發生挫折。

或許有些孩子厭惡參與降級測驗，但母親應當技巧地給予鼓勵，以便參與測驗發覺挫折所在。

如果孩子能有空餘時間，由 1 年級的測驗開始，循序到下一個年級地參與測驗也是一種好法子。依照這種方式，即能確實明白目前為止的學習課程中，何處發生困擾。故可以利用暑假或寒假等長期休假日試行看看。

參與本測驗的孩子所應注意的事項——
務必在筆記簿上抄寫算式和答案

測驗開始之前，請告訴孩子下列幾點：

測驗時的心態

現在開始做的測驗不同於過去。這是讓你發現受挫的地方，並幫助你輕鬆研讀下學年功課的測驗。所

以不必過於緊張，輕鬆地參與測驗吧！但是也不可毫不在乎，應該慎重規矩，勤奮地做到最後。

②測驗的方式和注意事項

答案和算式不要寫在書中，務必寫在筆記簿上。雖然應用題只要寫題目的號碼以及算式、答案；但是計算題除了要寫題號外，也要抄錄題目內容。這時把算式過程和計算都完全留存下來。如此作法，以後一看便知你是如何地解題了。

筆記簿的寫法，字要大且端正，這樣更能減少計算的失誤以及粗心的失誤，並能充分發揮實力。

③測驗的時間限制

本測驗不限制時間。由於和學校的測驗不同，所以應該撥出足夠的思考時間，慢慢進行測驗。但有別於拖泥帶水，中途不要休息，以一氣呵成較好。

雖然不用限制時間，但大致標準如下：

- 1、2 年級＝30 分～1 小時
- 3 年級＝ 1 小時左右
- 4 年級＝ 1 小時～1.5 小時
- 5、6 年級＝ 1 小時～2 小時

④評分

完成計分之後，可告訴孩子下列情況：

〈80 分以上〉完全不用擔心，持續這種程度將逐漸產生學習的樂趣。

〈60 分～79 分〉雖不用特別擔心，但稍不留意即有成績滑落的狀況。錯誤的問題，請詳讀解說中的用功方法，好好地複習吧！

〈40～59 分〉若經常如此，應注意下個學年會出現無法理解的地方。再做一次複習吧！

〈39 分以下〉這種結果令人遺憾，如此下去，惟恐功課愈來愈落後，故務必著手參與降級 1 學年到 2 學年的測驗。另外請母親詳細閱讀解說，讓孩子切身學會用功的方法。

1 年級
挫折檢查測驗

那一排的數目較大，大的打「○」，小的打「×」。

（3分×2）

（　　）
（　　）

有幾隻兔子就在□中打「○」。　　　　　　　（3分）

(3)鱂魚有幾條？分別在（）中填寫數字。　（2分×3）

①　　　　　　②　　　　　　③

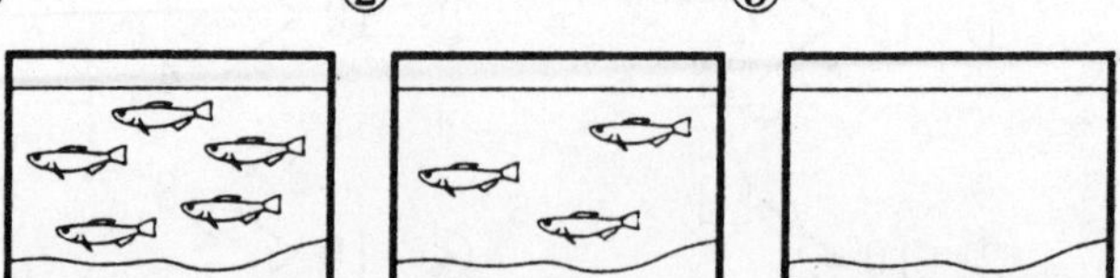

（　　）　（　　）　（　　）

(4)在數字大的那邊打「○」。　　　　　　　　（2 分×3）

① （3，4） ② （5，9） ③ （6，0）

(5)有水果如下，由左邊算起第 2 個打○，由右邊算起第 5 個打×。　　　　　　　　（3 分×2）

(6)把下列數字依大小順序排列。　　　　　　　　（5 分）

5，4，10，0，8，15，3，7

(7)計算下列計算題。　　　　　　　　（2 分×8）

① 2＋3　　② 3＋5　　③ 4－3

④ 8－6　　⑤ 6－6　　⑥ 8－0

⑦ 7＋0　　⑧ 0＋0

(8)再加多少可以變成 10。請在□中填數字。

（2 分×4）

① 10 < 3，□　　② 10 < □，4

③ 10 < □，1　　④ 10 < 8，□

⑼請寫出下列數字。　(2分×4)

①三十六　②十五

③六十八　④七十

⑽計算下列計算題。　(2分×10)

① 6＋9　② 10＋6　③ 16－3

④ 15－5　⑤ 6＋8　⑥ 2＋8

⑦ 15－7　⑧ 12－9

⑨ 2＋3＋6　⑩ 15－8＋7

⑾說出下題正確的數字。　(2分×4)

①比 10 大 1 的數字

②比 20 大 5 的數字

③比 29 大 1 的數字

④比 90 小 1 的數字

⑿在□中填寫數字。　(2分×4)

① 2 個 10，4 個 1　一共是 □ㄅ

② 8 個 10　一共是 □ㄆ

③ 85 是□ㄇ個 10 和□ㄈ個 1 所合成。

1 年級
檢查測驗 解說和診斷

〈第 1 題〉

學習內容解說

這是使用 1 比 1 對應方式來比較數量大小的問題。看到 1 比 1 對應等寫法，許多母親都認為不易明瞭。但是並沒那樣地複雜，不用擔心。方法是有 2 組數量（物質的聚集），從各組中分別拿出 1 個來對應抵銷，最後仍有剩餘的一方就被判定其數量較多。

這個問題若交由大人或小學 2 年級以上的孩子做，他們會把帽子和女孩的數量個別數數看，即能由數字的大小來做比較。

可是，還不懂得數的意義之前，只好 1 個對應 1 個，畫線連接以便互相比較。結果發現帽子還剩 2 頂，即能答出答案。只要知道帽子多 2 頂就足夠了。

挫折檢查要點

由於女孩畫得比帽子大，故孩子的答案也常出現

女孩較多的情況，務必注意。這種情況下，讓他 1 個對應1個地畫線連接即能改善。

如何答對

平日就常玩數字遊戲才是重要。利用外出機會，母子倆一起去採筆頭菜或醋醬草等，比比看誰採得多，這是個好方法。另外在室內則利用撲克牌玩「排七」遊戲來比較數的大小也是一個好方法。

解答：帽子打○，女孩打×

〈第2題〉

學習內容解說

例如數「1」「2」「3」……這般的數字，首先要教導孩子它們都含有量的意思。然後寫出阿拉伯數字「1」「2」「3」表示讓他理解。這個問題的情況，圖上有 6 隻兔子，所以讓他在 6 個□中打○，並且告訴他具體物（兔子）也能改以抽象的方式（本題是以打○）的方式表示。進一步以數字來表示○的數目即稱為 6。

挫折檢查要點

利用 1 比 1 對應畫圖連接的思考方式大致不會出錯，有些孩子能一下子就數出 6 隻，並在 6 個□中打○，當然能夠做到如此算已有相當水準。

如何答對

擺放數個沙包和磁磚的具體物品（蘋果、橘子、方塊 、玩具等都可以），一個個對應玩玩數字遊戲是頗有效果的。例如有 5 個橘子，就讓他拿出等數的磁磚排排看。不知不覺中，孩子就能領會數字含有數量的意思。故請付諸實行。

解答： ○○○○○○□□□□

〈第 3 題〉

學習內容解說

本題是學習以數字來表示數量，但注意「0」這個數字的出現。不僅讓孩子能數出「1」「2」「3」，也要會以數字寫出表示。

挫折檢查要點

「0」這個數字常讓孩子困擾。他們認為什麼都沒

有就什麼都不寫。但是什麼都沒有應該寫下 0 這個數字。若孩子無法懂 0 這個數字的意義，將成為個位數進位單元受挫的肇因。

如何答對

方法是讓孩子畫出他喜歡的東西或食物（蛋糕等），再請他算出有幾個，並指導他寫出數字。這時畫的若是蘋果，就讓孩子畫 2 個或 3 個蘋果，避免蘋果、橘子一起混雜地畫。數字務必以同類物品的聚集當作思考方式。

解答：① 5　② 3　③ 0

〈第 4 題〉

學習內容解說

在沒有具體物品（如沙包、磁磚）下，儘量讓他憑藉數字就可以區分大小。

挫折檢查要點

請先確認孩子是否知道大、小、多、少的意義，然後再做測驗。在 0 的地方，告訴他那裡什麼都沒有，

而另一個地方是 6，讓他思考何者為大。

如何答對

方法是使用沙包和磁磚的遊戲做為學習。如果是第①題，就並排上 3 個沙包和 4 個沙包，以便了解那一邊大。因為孩子無法單靠數字來明瞭比較，即證明仍無法把數量和數字連貫思考，故應排列沙包或磁磚實際操作看看。

解答：① 4　② 9　③ 6

〈第 5 題〉

學習內容解說

數字同時表示數量和順序。只要懂得 3 個和第 3 個的不同，本題應可迎刃而解。

挫折檢查要點

應先確認什麼東西在第幾行。一般而言，在沒有任何指定的情況，就由左邊數起 1、2、3、4……，故檸檬是第 8 個。本題既然已指示由左或由右算起，就讓孩子照著指示去做。

如何答對

首先，確認孩子是否懂得左右的不同。如果懂得，就依序數下去，即可答對。

解答：蘋果打○，草莓打×

〈第 6 題〉

學習內容解說

本題是為了灌輸他能依序排出由 0 到 15 的數字，若不能默記數字順序，則本題數字排列將會參差不齊，務必小心。

挫折檢查要點

由小到大的順序排列大致沒問題，但由大到小排列，不會的孩子就出乎意料的多。

如何答對

首先由小依序排列，目的是讓孩子思考何者最大，何者最小。等孩子了解之後，下一次相反的，依由大到小的順序排出時，孩子就幾乎能夠順利排出。

解答：15、10、8、7、5、4、3、0

〈第7題〉

學習內容解說

學習不進位的個位數加算，以及不退位的個位數減算。雖然加算和減算各有其意義，但本題只是查孩子是否會計算而已。

挫折檢查要點

因為許多孩子不回答第⑤題的 6－6＝0，所以應教導孩子當什麼都沒有的「零」時，必須寫出「0」來表示。另外第⑧題的 0＋0＝0 也往往讓孩子混淆不清。

如何答對

假如單靠數字無法計算時，則使用磁磚等排出□□＋□□□＝□□□□□的磁磚算式即可。因為由此即能一目瞭然數量的變化，所以能夠答出才對。第⑧題的情況可以雙手各拿著 2 塊磁磚，1 塊塊的減少，等雙手的磁磚都沒有了，再問他「雙手合起來共有幾塊？」這時孩子眼見右手和左手都沒有磁磚，就回答「什麼都沒有」。就這樣地教導孩子 0 的計算。

解答：① 5 ② 8 ③ 1 ④ 2 ⑤ 0 ⑥ 8 ⑦ 7 ⑧ 0

〈第 8 題〉

學習內容解說

這是數的合成和分解的問題。合成和分解可說是有進位的加算和有退位的減算之暖身運動。合成的問題是指「3 再加上多少可以湊成 10」；分解是指「10 可分為 9 和 1，或者 7 和 3，或者……數字」。本題只提到 10 的合成和分解而已。

挫折檢查要點

除非能迅速正確地做出 10 的合成和分解，否則無法演算進位的加算或者退位的減算，故務必多練習幾次為宜。

如何答對

由於 10 的合成和分解只有 9 種，故可使用磁磚或沙包，持續地練習，直到學會為止。

（1，9）　（2，8）　（3，7）　（4，6）　（5，5）
（6，4）　（7，3）　（8，2）　（9，1）

〈練習方法〉

收集 10 個沙包或磁磚，擺放在左右手的手心上，雙手握拳。左手打開若出現 3 個，就讓孩子猜猜看右手應有幾個。以此類推，用各種數字試試看，孩子應能答對，務必實行。

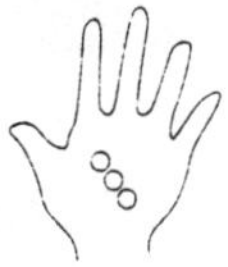

左手右有 3 個沙包

右手握住沙包

解答：①7 ②6 ③9 ④2

〈第 9 題〉

學習內容解說

這是確認孩子是否能以數字寫出兩位數的問題。

挫折檢查要點

無法使用數字來表示兩位數的孩子，務必要注意。尤其第④題只寫「7」不寫「0」的情況很多。另外也有孩子把第②題的文字說法「拾伍」寫成「105」來表示。

如何答對

要孩子能算出 2 位數，必須確認孩子理解進位的結構。教導進位可利用磁磚較為便利。

把 10 塊磁磚當作 1 條，在十位數上寫下一條磁磚。如果個位數又有 5 塊磁磚，就表示有 15 塊磁磚。這正是利用磁磚的算法。若以磁磚表示 15、20、25 的數字，就如下列圖式：

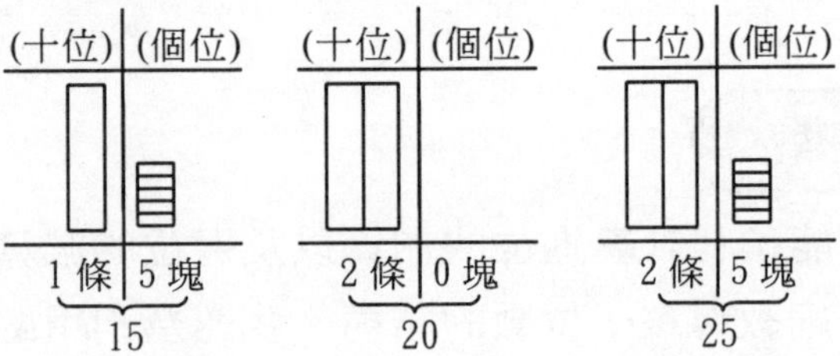

解答：① 36　② 15　③ 68　④ 70

〈第 10 題〉

學習內容解說

以進位的加法和退位的減法為重心。本題對小學 1 年級的學生而言，即將成為喜歡數學或者討厭數學的轉捩點。

挫折檢查要點

有的孩子把第②題的 10＋6 答成 70。這是因為把十位數和個位數相加的結果。又如第④題的 15－5＝10 的 0 被省略掉，答案成為「1」，也有把 2+8＝10 寫成答案「1」的例子。

第⑩題先計算 8＋7 再計算 15－15＝0 的孩子並不稀奇。出現在本題的計算程度，孩子應該能迅速正確計算才好。

如何答對

為了能順利計算進位的加算以及退位的減算，首先必須仔細教導孩子位數的結構。我認為利用磁磚來教湊成 10 塊時就會改變位數的作法是最好的教法。

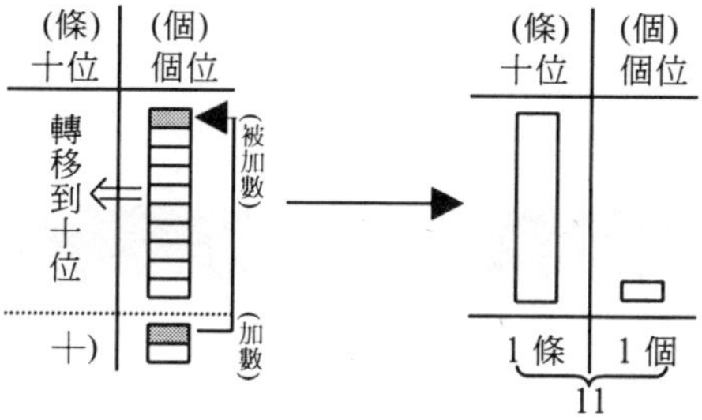

〈9＋2 計算的思考方式〉

解答： ① 15　② 16　③ 13　④ 10　⑤ 14
⑥ 10　⑦ 8　⑧ 3　⑨ 11　⑩ 14

〈第 11 題〉

學習內容解說

只要能以量的概念來掌握 2 位數，即能理解這個位數的大小。本題沒有使用加算和減算的必要。

挫折檢查要點

讓 1 年級的學生懂得 2 位數以上的數字所代表的數量，是一樁難事。尤其是第③和第④題答錯的孩子甚多。

如何答對

只要使用磁磚等仔細教導孩子位數，這類的問題應可對答如流。如果能夠使用磁磚來表示29這個數字，能力可算無懈可擊了。

解答：① 11　② 25　③ 30　④ 89

〈第 12 題〉

學習內容解說

這是確認孩子是否懂得 2 位數結構的問題。

挫折檢查要點

如果不懂 85 的 8 是聚集 10 個 8 的數字，5 是聚集 5 個 1 的數字，那麼也無法懂得往後年級所學的「＋進位的結構」。故位數的問題是非常重要的，趁 1 年級時就好好作答吧！

如何答對

使用磁磚把全部的 2 位數都練習過即不成問題。磁磚可在建材行購得，或者使用略厚的圖畫紙自行製作 2 公分正方的紙板，親子一起玩玩看！

解答：(ㄅ)24　(ㄆ)80　(ㄇ)8　(ㄈ)5

2 年級
挫折檢查測驗

⑴寫出下面題目的數字。　　（1分×6）

①三百二十四　②五百三十　③六百零三

④七千零三十五　⑤四千三百二十九　⑥九千零九

⑵下題的數目是多少，用數字表示出來。　（2分×4）

① 7個100和3個10合計的數

② 8個100和5個1合計的數

③ 6個1000、5個100、3個10和6個1合計的數

④ 5個1000、6個10和7個1合計的數

⑶那邊的數較大。在□中填入＜或＞。　（2分×4）

① 365□730　② 406□460

③ 3653□3652　④ 9009□9091

⑷用直式演算下列的計算題。　（2分×8）

① 43＋30　② 69＋28　③ 68＋9

④ 500＋201　⑤ 283＋617　⑥ 368＋5

⑦ 3236＋2908　⑧ 6987＋83

(5)用直式演算下列的計算題。　　　　　　　（2分×8）

① 34－23　　② 36－18　　③ 50－24

④ 84－5　　⑤ 124－32　　⑥ 638－212

⑦ 563－347　　⑧ 1000－369

(6)做下列計算。　　　　　　　　　　　　（2分×8）

① 3×8　　② 2×4　　③ 1×9　　④ 7×5

⑤ 6×6　　⑥ 8×0　　⑦ 4×8　　⑧ 0×9

(7)□中是多少？　　　　　　　　　　　　（1分×4）

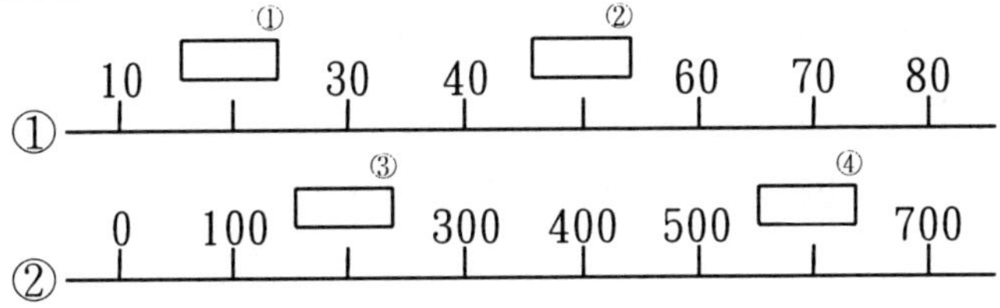

(8)在長的一邊畫○。　　　　　　　　　　（2分×4）

①（4 cm 5 mm，5 cm）　　②（3 mm，3m）

③（3m，299 cm）　　④（307 cm，3m 8 cm）

(9)那一邊較多，在多的一邊打○。　　　　（2分×4）

①（3dℓ，5dℓ）　　②（5dℓ，3ℓ）

③（30dℓ，2ℓ5dℓ）　　④（1ℓ4dℓ，12dℓ）

⑽在□中填入正確的數字。　　（1分×10）

① 1m ＝□cm　② 1 cm＝□mm
③ 1 ℓ ＝□dℓ　④ 1 ℓ ＝□mℓ
⑤ 200 cm＝□m　⑥ 20 mm＝□cm
⑦ 30 dℓ ＝□ℓ　⑧ 3000 mℓ ＝□ℓ
⑨ 1 小時＝□分　⑩ 1 日＝□小時

2 年級 檢查測驗 解說和診斷

〈第 1 題〉

學習內容解說

練習使用阿拉伯數字改寫文字數目的問題。本題 0 的處理方式困難，只要孩子能夠答對即證明懂得十進位的結構，今後應不用擔心有關數字的問題。

挫折檢查要點

例如第①題依照發音直接寫成阿拉伯數字為 300204（三百二十四），這是因為不懂位數的結構，應教導孩子習慣上應寫 324。另外第②題也會出現 50030、5003 或 503 的錯誤，務必小心。稍微習慣之後，有些孩子仍會把第⑥題等的 0 這個數字誤寫成 909 或 99。重點是什麼都沒有的地方（本題是沒有百位數和十位數）要填入 0。

如何答對

若在此處受挫的孩子，就應使用磁磚教孩子 10 塊

形成 1 條的過程。又例如 203 的數字，就讓孩子以磁磚的表示法做思考。即聚集 10 個□（1 個），就以

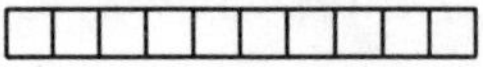（1 條）表示，聚集 10 個的 1 條就以

（1 片）

表示，即能懂得十進位的結構。

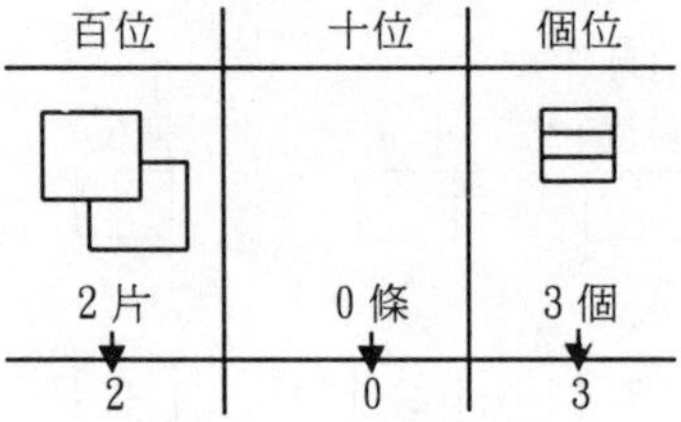

解答：① 324　② 530　③ 603　④ 7035
⑤ 4329　⑥ 9009

〈第 2 題〉

學習內容解說

這是確認數字結構如何形成的問題。讓孩子懂得 3 位數和 4 位數表示的數字各有涵意，以後就方便。

挫折檢查要點

本題即使是 3 或 4 年級也仍有出錯的孩子，若把第①題答為 73 的情況，務必教他加上 0。同樣地也會出現把第②題答成 85，把第④題答成 567 的情況。我覺得最容易答對的是每位數都含有數字的第③題。

如何答對

如果是第①題就由 100 開始，首先畫出如下要填入數字的□ 3 個。

百位	十位	個位
□	□	□

然後在其中填入

7	3	0

的數字。如果以 1000 開始，當然要有 4 個□□□□。如此當然不會忘記把 0 這個數字填入。

解答：① 730 ② 805 ③ 6536 ④ 5067

〈第 3 題〉

學習內容解說

目的在確認孩子是否懂得 3 位數以上的數字，以

及數的大小。注意不要受數字困擾。

挫折檢查要點

「＜」和「＞」的記號稱為不等號，於 2 年級時學習。告訴孩子張開的一方表示大的一方（例 3＞2，5＜6 等）。若 2 位數和 3 位數比較，誰都知道 3 位數較大。但同位數的比較就容易出錯。

如何答對

指導他由最上位的數依序互比，就不成問題。例如第④的 9009 和 9091，首先互比千位數，接著百位數，再來是十位數，就應該能發現 9091 一方的十位數比較大的情形。

解答：①＜　②＜　③＞　④＞

〈第 4 題〉

學習內容解說

學習 4 位數的加算。第①題中互加的雙方都是 2 位數但不用進位，第②③是要進位的 2 位數計算。第④～⑥題是 3 位數，第⑦⑧是 4 位數的加算。

挫折檢查要點

如第①和④題，既是同位數又不進位的情況是幾乎不會算錯。但如第⑤⑦題要進位 2 次以上的計算，以及第③⑥⑧題不同位數的題目，請務必慎重作答。

如何答對

位數不同時要把互相的位數對齊，此外其他的部分也同樣的要對齊。因此從低年級開始就得養成直式筆算的習慣。例如把第⑤題等書寫成

$$\begin{array}{r} \boxed{1}\,\boxed{1} \\ 2\,8\,3 \\ 6\,1\,7 \\ \hline 9\,0\,0 \end{array}$$

，就不會忘記進位。分別在位數上方用小字寫上要進位的數字，像本題的$\boxed{1}$。等孩子能默記在心之後，才不再寫。

解答：① 73　② 97　③ 77　④ 701　⑤ 900
⑥ 373　⑦ 6144　⑧ 7070

〈第 5 題〉

學習內容解說

學習 2 位數～4 位數的減算。有進位的減算必須能

又快又正確，否則以後困難重重，務必好好的練習。尤其是退位 2 次的題目更應注意。

挫折檢查要點

我覺得①或②題簡單就會算。④題多錯在減 8 和 5 而答 34，要注意。至於像⑧題有 3 次下挪位數的減算，連很多 4 年級學生也會答錯。

如何答對

如同加算，請使用直式筆算。這樣既能減少錯誤也能加速計算。例如第⑧題寫成右邊的直式即方便演算。□中的數字是重點。因為把 10 降到個位上，所以＋位數的 0 變成[9]，個位數的 0 變成 [10]。同樣的百位數的 0 也變成[9]。所以由□中的數字減去 369，誰都能答出 631。

0	9	9	10
1	0	0	0
	3	6	9
	6	3	1

解答：① 11　② 18　③ 26　④ 79　⑤ 92
⑥ 426　⑦ 216　⑧ 631

〈第 6 題〉

學習內容解說

這是九九乘法的問題。讓孩子熟背第一段到第九段為止。

挫折檢查要點

應多次練習直到每段都能正確地背出。常見孩子會背 4×9＝36，卻不會背 9×4＝36。雖然 4×9 已含有 9×4 的意義，但仍要讓孩子默背。例如第⑥和⑧題，孩子更是不知乘以 0 或者 0 乘以某數，答案都是 0，務必注意。（雖是 3 年級的範圍，但 2 年級也必須懂得）

如何答對

教導記住九九乘法的方法，製作一張如下的九九乘法表，放在容易看見的地方。

(乘　　數)

(被乘數)	1	2	3	4	5	6	7	8	9
1(1 段)	1	2	3	4	5	6	7	8	9
2(2 段)	2	4	6	8	10	12	14	16	18
3(3 段)	3	6	9	12	15	18	21	24	27
4(4 段)	4	8	12	16	20	24	28	32	36
5(5 段)	5	10	15	20	25	30	35	40	45
6(6 段)	6	12	18	24	30	36	42	48	54
7(7 段)	7	14	21	28	35	42	49	56	63
8(8 段)	8	16	24	32	40	48	56	64	72
9(9 段)	9	18	27	36	45	54	63	72	81

解答： ① 24　② 8　③ 9　④ 35　⑤ 36
⑥ 0　⑦ 32　⑧ 0

〈第7題〉

學習內容解說

這是只要懂得數字順序即能迅速解答的問題。提醒孩子第①題是每次增加 10 的數字，第②題是每次增加 100 的數字。

挫折檢查要點

對 2 年級的學生而言，乍看之下或許是個相當難以理解的問題。例如第①題孩子自以為每次是增加 1，那麼 10 的下一個數就是 11，這種個案甚多。但是若懂得全部的規則，就會答出 20。至於第②題是由 0 開始排列，既然下一個是 100，故少有孩子會把緊接著的數字誤以為是 101。

如何答對

教導孩子第①題中每次增加的數目是 10，那麼緊接 10 的數字會成為 20、30、40……。第②題是每次增加 100，只要孩子發現成為 200、300、400……的規則，應能答對。

解答：① 20　② 50　③ 200　④ 600

〈第 8 題〉

學習內容解說

這是長度的問題，若孩子具備 1m 、1 cm、1 mm的各種長度觀念，一切問題都能解答。

挫折檢查要點

到目前為止只明瞭數字愈大即是大的單純概念，但學習長度的單位就不像這樣簡單。例如第③題比較 3 和 299，孩子會出現 299 cm一方較長的答案。故讓孩子實際查看 1m ＝100 cm，也就是聚集 100 個 1 cm才能等於 1m 之後，就會解答問題。

如何答對

告訴孩子 1 cm的長度大約是小指頭的第一個關節；1m 大約是雙手伸直的長度；1 mm大約是把 10 張紙疊起來的厚度，以此做為目測長度的標準。那麼出現於本題的問題即能迎刃而解。

解答：① 5 cm　② 3m　③ 3m　④ 3m 8 cm

〈第9題〉

學習內容解說

像水之類的液體容量單位也是 2 年級的重要學習項目。現在要學習 1ℓ（公升）、1dℓ（公合）和 1mℓ（公撮）三種單位。1ℓ是裝入邊長 10 cm之立方體的液體容量。1dℓ是 1ℓ的 $\frac{1}{10}$，1mℓ是裝入邊長 1 cm之立方體的液體容量。若無法掌握這些關係，這裡的問題就無法解答。

挫折檢查要點

第①題雙方單位相同應能答對。但第②題單位不同，孩子容易犯錯。數字相比是 5 較大，但若不懂ℓ多於dℓ也會前功盡棄。又如第③④題，若不努力思考也會答錯，務必注意。

如何答對

把相比兩數的單位對齊再做思考是最正確的方法。故第②題以 5dℓ和 30dℓ，③題以 30dℓ和 25dℓ，④題以14dℓ和12dℓ分別比較。因為只要懂得1ℓ＝10dℓ的關係。誰都能無誤的應答。

解答：① 5dℓ　② 3ℓ　③ 30dℓ　④ 1ℓ4dℓ

〈第 10 題〉

學習內容解說

這是長度、容量和時間的單位換算問題。2年級時長度學習 m、cm和mm，容量學習ℓ、dℓ和mℓ；時間學習分、小時的單位。教導孩子單位不同，量也會不同。

挫折檢查要點

第①題到第④題，孩子幾乎都能答對，但第⑤～⑦題的倒向換算就會出現許多錯誤個案。也就是會答1ℓ＝10dℓ，卻答不出10dℓ＝？ℓ。這類的單位換算，到了 4 年級其答對的比率仍低，所以目前不太清楚也不用擔心。

如何答對

1m＝100cm，1cm＝10mm，1ℓ＝10dℓ，1ℓ＝1000mℓ，1小時＝60分，1日＝24小時，這些都是必須能默記的基本單位。另外最好扎這些單位的實際分量去感覺一下。例如使用牛奶鋁泊盒或布丁空盒來確認1ℓ、1dℓ和1mℓ的差異也是方法之一。既然知道1m＝100cm，那麼可能持續算出2m＝200cm之類的問題。

解答： ① 100　② 10　③ 10　④ 1000　⑤ 2
⑥ 2　⑦ 3　⑧ 3　⑨ 60　⑩ 24

3 年級
挫折檢查測驗

⑴計算下列各題。　　（1 分×6）

① 10×7　② 8×10　③ 30×2

④ 4×20　⑤ 400×2　⑥ 6×200

⑵計算下列各題。　　（1 分×8）

① 25÷5　② 36÷4　③ 3÷3　④ 0÷5

⑤ 90÷3　⑥ 70÷7　⑦ 800÷4　⑧ 350÷7

⑶計算下列各題（直式計算，除不盡留下餘數）。　　（1 分×8）

① 50÷6　② 46÷8　③ 62÷6　④ 618÷3

⑤ 451÷2　⑥ 843÷4　⑦ 5380÷5　⑧ 497÷3

⑷使用直式計算下列各題。　　（1 分×9）

① 32×2　② 16×5　③ 58×4

④ 403×2　⑤ 283×5　⑥ 12×24

⑦ 65×38　⑧ 703×30　⑨ 375×57

(5)在□中填入適當的數字 （2 分×6）

① 4＋□＝12　② 34－□＝15　③ 7×□＝56

④ □×9＝45　⑤ 12÷□＝3　⑥ □÷6＝20

(6)回答下列問題。

1. 把下列數字寫成國字 （2 分×2）

（例：365→三百六十五）

① 36253　② 700832

2. 用阿拉伯數字寫出 （2 分×2）

①五萬六千零九十二　②八十萬零三百

3. 在□中填入適當的數字 （1 分×4）

① 80000 是聚集□個 1000 的數字。

② 64703 是聚集 6 個□(ㄅ)，4 個 1000，□(ㄆ)個 100 和 3 個□(ㄇ)的數字。

4. 在□中填入等號或不等號（大於，小於）

（1 分×4）

① 8000□10000－2000　② 60□7×8

③ 74＋45□30×4

5. 寫出比下列數字大 1 的數 （3 分）

9 9 9 9 9 9 9

(7)在□中填入適當的數字 （2 分×6）

①1km=□ m　　②2000m=□ km

③1分=□ 秒　　④120秒=□ 分

⑤1kg=□ g　　⑥3000g=□ kg

(8)回答下列問題。　　（2分×9）

1.在□中填入適當的數字

①8.03是聚集ㄅ□個1，0個0.1和ㄆ□個0.01的數字。

② $\frac{2}{3}$ 的分母是ㄅ□，分子是ㄆ□。

2. 1和0.9相比那一個大？

3.下面的數直線段，箭頭部分用小數回答。

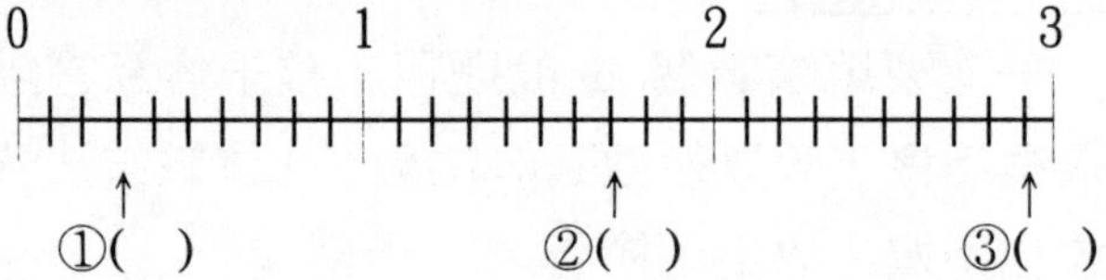

4. $\frac{4}{9}\ell$ 是 $\frac{1}{9}\ell$ 的幾倍。

(9)計算下列問題　　（2分×4）

① $\frac{2}{5}+\frac{1}{5}$　　② $\frac{5}{7}-\frac{2}{7}$

③0.4+1.3　　④1.7−0.9

3 年級 檢查測驗 解說和診斷

（第 1 題）

學習內容解說

如果是 40×3 的問題，就依據 4×3 的計算來思考。400×3 也一樣。

挫折檢查要點

一次要填寫數個 0 的題目，孩子容易答錯。即使在這裡不會，等以後教到 2 位數、3 位數乘法時再正式學會也不遲，故不用擔心。

如何答對

一律讓孩子把題目想像用金錢來計算即有效果。第①題當作 7 個 10 元硬幣、第③題當作 3 個 10 元硬幣的 2 倍（或改想有 2 堆 3 個 10 元的硬幣），那麼幾乎都能答對。第⑤⑥題當然以 100 元當作思考依據。

解答： ① 70　② 80　③ 60　④ 80　⑤ 800　⑥ 1200

（第2題）

學習內容解說

這是屬於九九乘法範圍內的計算。例如 90÷3 必須依據 9÷3 來思考，能回答出 30 即可。第⑤～⑧不必用直式計算。

挫折檢查要點

孩子經常把 3÷3 誤看成 3－3，或者不會計算 0÷5。至於第⑤～⑧題讓孩子好好思考後再解答。

如何答對

把九九乘法全部背得熟練是前提條件。在第④題告訴孩子當什麼都沒有的「0」，不論分成幾份也是答 0。並提出實際的問題「錢 0 元（什麼都沒有）分給 5 個人，每個人能分得多少元？」。至於 90÷3 就告訴孩子 10 元硬幣 9 個分給 3 個人，先寫 9÷3，而這 3 個硬幣各為 10 元，故答為 30。第⑤～⑧若不會計算也不要介意。只要學會了 2 位數以上的直式計算，即能答對。

解答：①5　②9　③1　④0
⑤30　⑥10　⑦200　⑧50

（第 3 題）

學習內容解說

學習 2 位數到 4 位數為止的除算。且除數均為 1 位數，只要懂得除法即能解答。含有餘數的問題多加留意。

挫折檢查要點

直式計算時，注意商的位置。因問題而異，如第①②③⑧題，商就直接寫在第 2 位數的上方。如第④⑤⑥⑦題，商則由第 1 位數的上方寫起。

如何答對

第④題 618÷3 的除算要如右邊的直式，把商寫在百位數的上方。十位數的 1 無法被 3 除故寫上 0，接著 18 含有幾個 3，就把這個數字寫在個位數上方。

```
    2 0 6
  ______
3 ) 6 1 8
    6
  ______
      1
      0
  ______
      1 8
      1 8
  ______
        0
```

第③題 162÷6，被除數 162 的最左邊的數（百位數）比除數 6 小，所以由下一位（即十位數）開始計算。假如無法迅速正確計算除算的孩子，大多減算也有困難。另外也和是否能迅速地默記全部的九九乘法，除算能力也有所

差異，務必注意。

解答： ①8餘2　②5餘6　③27　④206
⑤225餘1　⑥210餘3　⑦1076　⑧832餘1

（第4題）

學習內容解說

這是2位數×1位數，3位數×1位數、2位數×2位數以及3位數×2位數的乘算問題。這類的演算，使用直式相當重要，不可以過分依賴心算。

挫折檢查要點

乘數是2位數時，位數的放置位置必須小心。

$$\begin{array}{r} 12 \\ \times 24 \\ \hline 48 \\ 24 \\ \hline 72 \end{array}$$

〈錯誤的例子〉

$$\begin{array}{r} 12 \\ \times 24 \\ \hline 48 \\ 24 \\ \hline 288 \end{array}$$

〈正確的例子〉

$$\begin{array}{r} 403 \\ \times \quad 2 \\ \hline 806 \end{array}$$

第④題 403×2 要如右邊的式子一般，0×2＝0 的 0，務必寫在十位數的位置。

第⑧題也同樣要注意 0 的計算，請如右式書寫。其中 703×0 的「000」最好不要省略，直到孩子熟練為止。

$$\begin{array}{r} 703 \\ \times\ \ 30 \\ \hline 000 \\ 2109\ \ \\ \hline 21090 \end{array}$$

如何答對

只要留意 0 的計算和位數的位置就不成問題。使用適當的數字出題，讓孩子熟練這類的計算也是一種方法。至於答對與否，請母親檢查，或由孩子自己使用電子計算機確認也可以。

解答：① 64　② 80　③ 232　④ 806　⑤ 1415
⑥ 288　⑦ 2470　⑧ 21090　⑨ 21375

（第 5 題）

學習內容解說

這是加、減、乘、除算的填充題。倒算回來時，一定不是採取相同的算法，請特別注意。

挫折檢查要點

第①題雖會用減算作答，但第②題卻不能用倒過來算的加算作答，依然用 34－15＝19 求解。第③④題分別用 56÷7 和 45÷9 求出。那是說，乘算的填充一

律使用除算求出。也有孩子根據同樣的想法來計算第⑤題，即 12×3＝36 作答，務必小心。

如何答對

第⑤題的除算是求「除數」，故應用 12÷3＝4，以除算求解。例如第⑥題求被除數，則用 20×6＝120，以除算求解。製作 50 題左右的類似題，讓孩子能熟練作答，務必實行。

解答：①8　②19　③8　④5　⑤4　⑥120

（第6題）

學習內容解說

第 1、2 題是表示國字大寫數字以及阿拉伯數字的問題。第 3 題只要懂得大數目的結構和位數即能解答。第 4 題是只要懂得等號和不等號（大於、小於）的意義，那麼計算應無困難。第 5 題是確認孩子是否理解大數目的概念。

挫折檢查要點

第 1 題首先要了解幾位數，再教導 5 位數就從萬位開始，6 位數就從十萬位開始。第 2 題會因少寫了 0

而答錯。第 3 題的①中，孩子往往武斷地誤答 10 或者 8。第②中若能注意 0 即不成問題。第 4 題只要計算沒有失誤，所有的孩子幾乎都會。第 5 題常出現 1000000 或者 100000000 的錯誤答案。

如何答對

第 1～3 題的共通點是在是否懂得大數目的結構。只要理解百萬位為止的十進位表示方式，這類問題即能迅速答出。第 5 題不妨看成類似題思考。

解答： 1. ①三萬六千二百五十三　②七十萬零八百三十二　2. ① 56192　② 800300
3. ① 80　②ㄅ…10000　ㄆ…7　ㄇ…1
4. ①＝　②＞　③＜　5. 10000000

（第 7 題）

學習內容解說

這是長度、重量和時間的問題。全部是基本的單位換算，務必一概學會。

挫折檢查要點

到了三年級會學習所謂 1 km的長度單位。因為無

法以目測來確定其量，應實際步測為宜。時間部分已學到秒這個單位，故這時可使用含有秒針的時鐘，讓孩子實際體驗1秒、1分到底有多長。並教導他重也包含著量，故有輕重之分，設有1kg和1g等重量單位。孩子通常會算1km＝1000m，相反的不會算1000m＝1km，務必小心。

如何答對

最好能讓孩子透過體驗再教導他們1km和1m，1分和1秒，1kg和1g的不同。接著告訴他們1km＝1000m，1分＝60秒，1kg＝1000g的關係。另外有必要練習類似1km 200m＝1200m，1分20秒＝80秒，1kg 500g＝1500g的問題。

解答：①1000　②2　③60　④2　⑤1000　⑥3

（第8題）

學習內容解說

3年級才開始出現所謂小數和分數的數字。到目前為止，出現的只有整數而已，所以許多孩子無法理解。分數和小數均出現在表示測量液體（水）或長度時的

尾數。例如，測得水量有 2ℓ和一些尾數。這些尾數就利用 1ℓ的量杯測量。如果這尾數的 5 倍才能湊合 1ℓ的話，尾數就等於$\frac{1}{5}$ℓ，而所有的水量就是 $2\frac{1}{5}$ℓ。換成小數來表示尾數時，先把 1ℓ分成 10 等分，也就是以 1 等分為 0.1 測得 0.2ℓ。因此分數的 $2\frac{1}{5}$ℓ，小數則以 2.2ℓ來表示。

挫折檢查要點

第 1 題的①是表示小數結構的問題。我認為仍有孩子懂得 0.01 到底有幾個。第②的題自要注意不要倒過來計算。第 2 題認為 0.9 大的孩子出乎意料的多。另外第 3 題的①，有些孩子會答成 3。

如何答對

第 1 題使用磁磚教導孩子 10 等分中的 1 分，即能

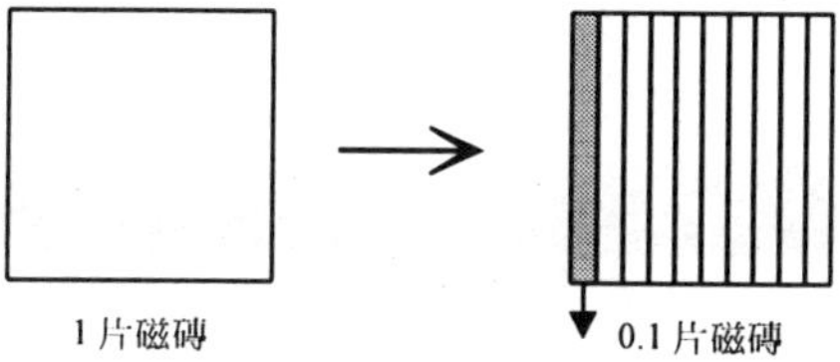

輕易地解決這個問題。第 3 題是教導十分之一的小數稱之為 0.1，即能順利解題。第 4 題是製作$\frac{1}{9}$ℓ的磁磚圖形，讓孩子理解$\frac{4}{9}$ℓ是$\frac{1}{9}$ℓ的幾倍，可說是最好的方

$\frac{1}{9}\ell$　　$\frac{4}{9}\ell$

法。

解答： 1. ①ㄅ…8，ㄆ…3　②ㄅ…3，ㄆ…2

2. 1　3. ①0.3　②1.7　③2.9　④4倍

（第9題）

學習內容解說

第①題是分數的加算，第 2 題是分數的減算，第③題是小數的加算，第④題是小數的減算之計算問題。因為和直到目前為止的整數計算形態不同，務必注意。

挫折檢查要點

第①題的分數計算中，誤答成 $\frac{3}{10}$ 的情況最多。這是分母加分母，分子加分子才造成的錯誤。第②題也有發明家同樣地把分母計算為 7－7＝0，故答案只計算分子互減的解答「3」。第③題應把 1.3 的 3 和 0.4 的 4 相加答案為 1.7，但也有孩子把 1 和 4 相加答案為 5.3。第④題有人把答案 0.8 誤答為 8。

如何答對

第①和②題使用磁磚的分數計算即可答對。第③和④題的小數計算，要先對齊小數點以直式計算。

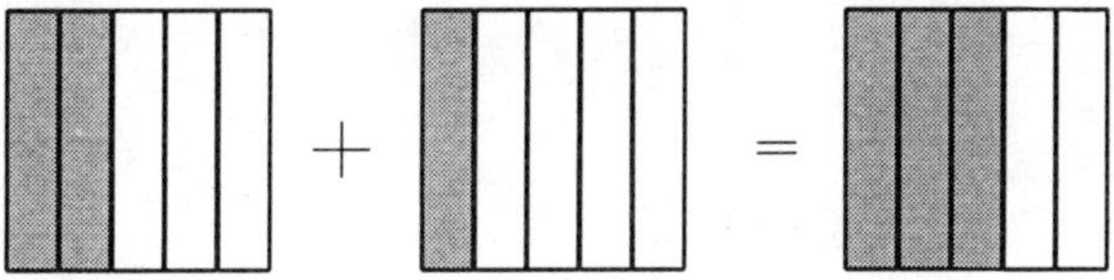

$$\frac{2}{5} + \frac{1}{5} = \frac{3}{5}$$

$$\begin{array}{r} 0.4 \\ +\,1.3 \\ \hline 1.7 \end{array} \qquad \begin{array}{r} 1.7 \\ -\,0.9 \\ \hline 0.8 \end{array}$$

解答：①$\frac{3}{5}$　②$\frac{3}{7}$　③1.7　④0.8

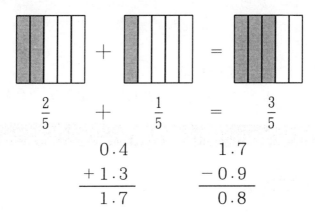

4 年級
挫折檢查測驗

⑴計算下列各題。(如有餘數，也一併求出)(1分×10)

① 324×120	② 803×245
③ 2453×309	④ 3600÷600
⑤ 4700÷500	⑥ 87÷21
⑦ 278÷45	⑧ 361÷21
⑨ 7872÷32	⑩ 9916÷235

⑵計算下列各題。(如有餘數，也一併求出)(1分×15)

① 1.75＋3.63	② 0.563＋0.237	③ 1.42＋2
④ 5.64－2.1	⑤ 5－0.43	⑥ 23.44＋6.56
⑦ 3.6×8	⑧ 0.6×5	⑨ 1.8×35
⑩ 0.025×4	⑪ 7.4÷2	⑫ 18.4÷23
⑬ 9.44÷8	⑭ 1.7÷5	⑮ 324.2÷35

⑶回答下列問題　　　　(①②各 2 分，③ 3 分)

① 0.19 是聚集幾個 0.01 的數？

②寫出聚集 4 個 0.01 和 8 個 0.001 所合成的數？

③依大小順序寫出下列數字，那麼第 3 個數為何？

0.23,　0.02,　0.3,　2.04,　0.33

⑷回答下列問題　（2 分×11）

1. ①$3\frac{2}{5}$是□和$\frac{2}{5}$所合成的數。

②分母是 5，分子是□的分數，其值等於 1。

③$2=\frac{\square}{4}$　④$3=2\frac{\square}{3}$　⑤$2\frac{1}{6}=1\frac{\square}{6}$

2. 下列分數中，把假分數化成帶分數，或把帶分數化成假分數。

①$\frac{13}{3}$　②$\frac{9}{5}$　③$3\frac{1}{3}$　④$2\frac{5}{7}$

3. 在（　）中的數，把最大的圈起來。

①（$\frac{1}{2}$，$\frac{1}{3}$，$\frac{1}{4}$）　②（$\frac{3}{7}$，$\frac{6}{7}$，$\frac{2}{7}$）

⑸計算下列問題　（1 分×6）

①$\frac{4}{5}+\frac{3}{5}$　②$\frac{1}{4}+\frac{3}{4}$　③$\frac{4}{5}-\frac{1}{5}$

④$1\frac{1}{5}-\frac{4}{5}$　⑤$2\frac{1}{5}-1\frac{4}{5}$　⑥$10-3\frac{1}{3}$

⑹計算下列問題　（2 分×6）

① 500－（70＋130）　② （26＋18）×5

③ $58+35\times8$　　④ $70\times4+50\times7$

⑤ $240-120\div3$　　⑥ $3\times18-3\times15$

(7)回答下列問題

1. 長 5 cm，寬 8 cm的長方形，求①面積，②周長各為多少？　（算式各 1 分、答案各 2 分，3 分×2）

2. 在□中填入適當的數　　（1 分×6）

①1 m^2＝□ cm^2　　②1 cm^2＝□ mm^2

③1 km^2＝□ m^2　　④20000 cm^2＝□ m^2

⑤300 mm^2＝□ cm^2　　⑥4000000 m^2＝□ km^2

(8)回答下列問題　　（2 分×8）

1. 以阿拉伯數字寫出

①二兆零三千六百五十萬零八百零二

② 3 個一億，5 個一千萬和 6 個一萬所合成的數為何？

2. 圈出下列中最小的數。

（9985640，110064000，32646710）

3. 取 245261 的概數，求到高位第 2 位數。

4. 下圖中ㄅ、ㄆ角各為幾度？

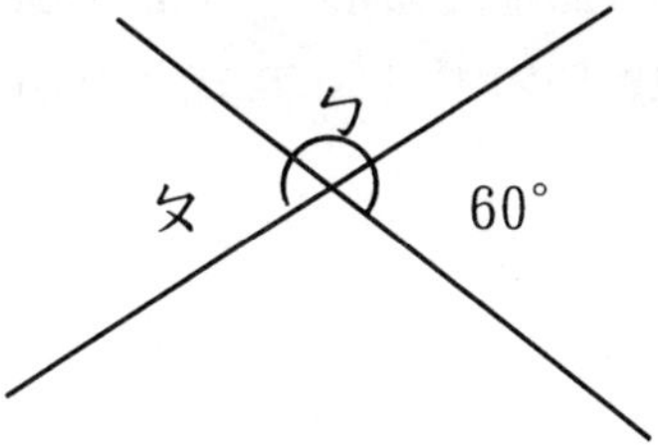

5. 下圖中 AB 兩直線平行，ㄅ角是 50 度，那麼求①ㄆ的角度②ㄇ的角度

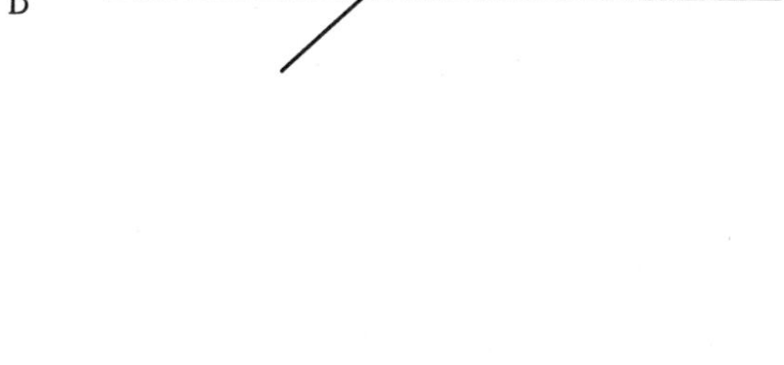

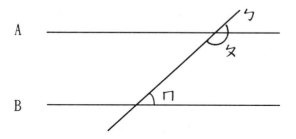

4 年級
檢查測驗　解說和診斷

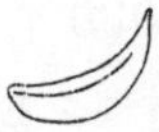

（第1題）

學習內容解說

這是 3 位數乘算和 2 位數除算的計算問題。若無良好的計算能力和無法迅速正確地解題，故務必多加練習。

挫折檢查要點

第①～③題都是含有 0 的計算必須謹慎。第④題的答案不可有 0。第⑤題要注意餘數的處理。第⑦題求得的商要放在個位數上方。第⑧～⑩題的商應放在十位數上方，但許多孩子會陷入混淆中。

如何答對

第①～③題中0的計算最初仍要有書寫的習慣，如下列的直式算法就不會算錯，另外要了解式中的648，324應寫在哪個位數上才合乎其意。如324×2的「2」其實是代表「20」；648的8是代表「80」，4是「400」，

6是「6000」。清楚了這些數之後，孩子就不會在位數上出錯。像第⑨題9872÷32是屬大數目的除算，孩子往往

$$\begin{array}{r} 324 \\ \times 120 \\ \hline 000 \\ 648 \\ 324 \\ \hline 38880 \end{array}$$

$$\begin{array}{r} 2 \\ 32\overline{)\,78} \end{array}$$

無法解題。這時要由2位數開始除起，如下圖那般只留下2位數，其餘用手指遮住。由只能看見的78開始，思考78中含有幾位的32。假如仍然無法理解，就改成7●和3●（即遮住78的8和32的2），再讓孩子思考7中含有幾個3。結果誰都能答出商是2。這正是讓孩子不畏懼大數目除算的方法。在這種情況下，務必不要遺忘使用直式筆算來演算題目。

解答： ①38880　②196735　③757977　④6
⑤9餘200　⑥4餘3　⑦6餘8　⑧17餘4
⑨246　⑩42餘46

（第 2 題）

學習內容解說

第①～⑥題都是小數和整數之間的加算和減算。第⑦～⑮是小數×整數，小數÷整數的計算。特別留意有餘數的小數除算。

挫折檢查要點

小數的加算和減算務必要對齊小數點，並以直式計算。許多孩子在③④⑤題等答錯。小數的乘算、除算較多失誤的地方，是答案（商）遺忘加上小數點，所以提醒孩子點上不要遺漏。第⑧題誤答為 30，或第⑩題誤答為 100 和 10 的情況顯著。小數的計算常讓孩子半途而廢，故得督促多加練習。

如何答對

第③題中的 2 和 2.0 相同，故如右式中排出即不易出錯。第⑤題同樣作法。

$$\begin{array}{r} 1.42 \\ +\,2.0 \\ \hline 3.42 \end{array}$$

第⑩題務必如右直式計算，把小數點降到積的位置，並教導孩子 1 後面的 0 不用寫，故回答 0.1 即可。

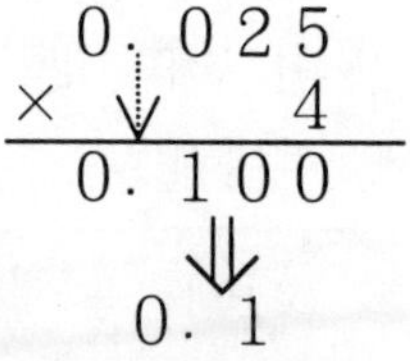

第⑭題同樣如右直式計算，這時小數點要升到商的位置。小數點左側記得填上 0，至於餘數應為 0.2 而非 2，請多加注意。

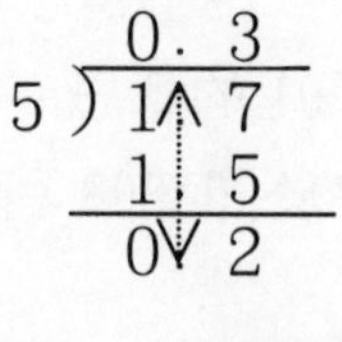

解答：①5.38　②0.8　③3.42　④3.54　⑤4.57
⑥30　⑦28.8　⑧3　⑨63　⑩0.1　⑪3.7
⑫0.8　⑬1.18　⑭0.3餘0.2　⑮9.2餘2.2

（第3題）

學習內容解說

小數結構的學習比 3 年級更為詳細。對於小數位只含有 2 個、3 個為止的小數計算，大多能解答。第③題是知道小數的表示方法與結構，並能比較大小的問題。

挫折檢查測驗

第①題只要理解聚集 10 個 0.01 即成為 0.1 就能解題。第②題只要懂得小數位也是以十進位表示即能解題。第③題要注意其回答方式，不可反過來從小的順序排起。

如何答對

第①題思考 0.19＝0.1＋0.09 即能明瞭聚集 19 個 0.01 的意思。第②題中 4 個 0.01 等於 0.04，8 個 0.001 等於 0.008，兩個合計 0.048。第③題依序為 2.04、

0.33、0.3、0.23、0.02。

解答：①19　②0.048　③0.3

（第4題）

學習內容解說

到了 4 年級已正式地學習分數。第一題是問分數基本結構的問題；第 2 題是問假分數和帶分數之間的關係；第 3 題是比較分數的大小。這是以後 5、6 年級所學分數之加、減、乘、除算的基本關鍵，故務必讓孩子牢牢掌握內容學習。

挫折檢查要點

第 1 題的①只要懂得帶分數的意義，即瞭解了$3\frac{2}{5}$是 $3+\frac{2}{5}$，就能回答出來。第②題像$\frac{2}{2}$，$\frac{3}{3}$，$\frac{4}{4}$…之類的分數（分母和分子等值）都等於 1。第④⑤題常有誤答，因為經常會使用到「整數－分數」互換的情況，故務必勤加練習。第 2 題如果無法把帶分數化成假分數，則 6 年級的分數乘、除算就會發生困難。又如果把假分數化成帶分數，則 5 年級的分數加、減算（異分母的情況）就無法解答。第 3 題的①分子一律相同，

第②的分母一律相同，務必注意。

如何答對

第 1 題的④只要能思考 $3=2+1=2+\frac{3}{3}$ 就會回答 $2\frac{3}{3}$。⑤的算法是 $2\frac{1}{6}=1+1\frac{1}{6}=1+\frac{7}{6}=1\frac{7}{6}$。第 2 題教導孩子由帶分數化成假分數，要使用 $a\frac{c}{b}\rightarrow\frac{a\times b+c}{b}$ 的算法；由假分數化為帶分數則用 $\frac{b}{a}\rightarrow b\div a=c$ 餘 d，即寫成 $c\frac{d}{a}$。

當然 4 年級學生應以 $3\frac{1}{3}$ 表示 $\frac{10}{3}$ 那般具體的數字計算。第 3 題的①分子相同，所以分母愈小其值愈大。第②題分母相同，所以分子愈大，其值愈大。

解答： 1. ① 3　② 5　③ 8　④ 3　⑤ 7

2. ① $4\frac{1}{3}$　② $1\frac{4}{5}$　③ $\frac{10}{3}$　④ $\frac{19}{7}$

3. ① $\frac{1}{2}$　② $\frac{6}{7}$

（第 5 題）

學習內容解說

這是同分母的加算和減算。不同於 3 年級的帶分數，其內容較困難。

挫折檢查要點

第①題的答案不應再寫成$\frac{7}{5}$，務必由小學就學會化成帶分數。

第②題的答案也不可寫成$\frac{4}{4}$。第④題中因$\frac{1}{5}$無法減$\frac{4}{5}$，所以許多孩子不會計算。

第⑤題的答案也不可寫成$3\frac{5}{5}$。第⑥題可能是本大題中最困難的一題。

如何答對

第①題務必把$\frac{7}{5}$化成帶分數。第②題務必養成分母和分子相同時要回答 1 的習慣。第④題要寫成$1\frac{1}{5}-\frac{4}{5}=\frac{6}{5}-\frac{4}{5}$。第⑤題要寫成$3\frac{5}{5}=4$。第⑥題誤答為$7\frac{1}{3}$的情況甚多。由於被減數並不是分數，故由整數 10 撥出 1 換成分數即能教導孩子用$9\frac{3}{3}-3\frac{1}{3}=6\frac{2}{3}$解題。

解答：①$1\frac{2}{5}$　②1　③$\frac{3}{5}$　④$\frac{2}{5}$　④4　⑥$6\frac{2}{3}$

（第 6 題）

學習內容解說

若是不懂得計算的規劃，就會出現異想天開的答

案。這是確認孩子是否懂得使用「(　)」方式的計算順序、四則混合（＋－×÷）運算的計算問題。

挫折檢查要點

常有孩子不明瞭 500－(70＋130)和 500－70＋130 的不同。同樣地第②（26＋18）×5 和 26＋18×5 也不同。第④題 70×4＋50×7，也有依序計算作答的例子（即 70×4＋50×7＝280＋50×7＝330×7…）。第 5 題也有人先算 240－120。這裡列舉的問題大多是容易算錯的問題，務必指導孩子慎重計算。

如何答對

告訴孩子任何情況下都應優先計算（　）中的式子。a×（b＋c）也是先計算（　）中的式子。接著再教先乘除後加減的計算規則（例 3×4＋12÷3＝12＋4＝16)。如果題目並存著乘、除算，此時就得依順序計算（例 5×7÷5＝35÷5＝7）

解答：①300　②220　③338　④630　⑤200　⑥9

（第 7 題）

學習內容解說

到了 4 年級開始學習測量寬度，也就是面積。首先要知道面積分有長和寬，接著求長方形和正方形等固定形狀的面積。若把 4 年級學習的面積限定於長方形構成的圖形也無妨。

第 1 題是辨別面積和長度的問題，不懂的孩子特別多，應該注意。第 2 題是面積的單位換算，務必學會 $1cm^2$，$1m^2$，$1km^2$ 的相異處。

挫折檢查要點

第1題對面積和長度求法仍然不會的孩子相當多。長方形的面積是以「長×寬」的乘算求得。周長原則上以加算求得。另外有關學習面積的乘算，要教導孩子這些與 3 年級為止所學的「每單位的量×幾個單位」的乘算，意義上並不相同。

第 2 題的面積單位換算，很容易出錯誤。許多孩子總是毫無自覺地誤答 $1m^2 = 100cm^2$ 或者 $1km^2 = 1000m^2$。

如何答對

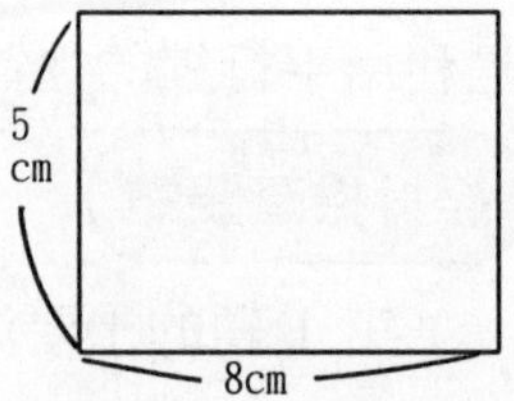

第1題的情況先畫右圖，即能有效防止錯誤。面積的單位換算，讓孩子自己提出 $1m^2 = 1m \times 1m = 100cm \times 100cm = 10000cm^2$

的算式，即能答對。以此類推，也能懂得 $2m^2$ 就是 $1m^2$ 的 2 倍等於 $20000cm^2$。同樣地也能求出 $1km^2=1000000m^2$，$1cm^2=100mm^2$。另外，孩子仍如往例不會反算題目，所以必須一併教孩子 $10000cm^2=1m^2$。

解答：1. ①式 5×8＝40　答：$40cm^2$

②式 5＋5＋8＋8＝26

或：（5＋8）×2 答：26cm

（注意）務必寫上 cm^2 和 cm 的單位。

2. ①10000 ②100 ③1000000 ④2 ⑤3 ⑥4

（第 8 題）

學習內容解說

第 1 題是大數目的性質和位數的問題。第 2 題是比較大數目的大小。務必在 4 年級之前完全領會十進位的意義和它的記數法。第 3 題是使用四捨五入法求取概數。第 4、5 題雖是求角度的問題，但其中第 5 題是利用平行線的性質，故若不知其性質即無法解題。

挫折檢查要點

第 1 題的①要注意別遺漏填上 0。就②題誤答為 3

億 5 千萬 6 萬和 356 的情況不多。第 2 題先讓孩子查看各數字是幾位數，再選出最小的數目。常見演算方式正確，但選擇最大的數目時卻答錯。第 3 題孩子大多有不知在第幾位數進行四捨五入的困擾。第 4 題往往答對ㄅ角度卻答錯ㄆ角度。第⑤題也常出現答對ㄆ角度卻答錯ㄇ角度的情況。

如何答對

如果孩子常答錯第 1 題的①，就製作如下可填空數字的空格。因為第 1 位是兆位，故由兆的空格開始

兆	千億	百億	十億	一億	千萬	百萬	十萬	一萬	千	百	十	一
2	0	0	0	0	3	6	5	0	0	8	0	2

填入數字。例如第②題是由億位開始，就由億位畫上□。第 2 題只要選出位數最少的數目即可。第 3 題是從高位算起第 2 位的概數，故要注意由其次一位，即高位算起的第 3 位數。例如 24[5]61 的情況，就以 5 來四拾五入，求出解答為 250000。如果不會演算第 5 題，就得實際畫圖讓孩子了解平行線的同位角（不懂這句話也無妨）相等，否則別無他法。

解答： 1. ①2000036500802　②350060000

2. 9985640　3. 250000

4. ㄅ角120°　ㄆ角60°　　5. ㄆ角130°　ㄇ角50°

5 年級
挫折檢查測驗

⑴計算下列各題 （1 分×8）

①2.17×2.6　②0.018×3.5

③3.6×2.4＋3.12　④8.28÷1.8

⑤2.368÷3.7　⑥14÷1.25

⑦3.5×4.2÷2.8　⑧8.28÷3.6－1.7

⑵下列除算，①②的商要四捨五入，以求得高位算起的兩位數之概數。③④的商取整數，並列出餘數。

（1 分×4）

① 0.71÷0.96　② 1.58÷0.32

③ 23.2÷2.1　④ 458.7÷1.9

⑶回答下列問題 （2 分×4）

1. 寫出下面數字的 10 倍、100 倍

3.074　① 10 倍（　　）　② 100 倍（　　）

2. 寫出下面數字的 $\frac{1}{10}$ 和 $\frac{1}{100}$ 。

65.34　① $\frac{1}{10}$（　　）　② $\frac{1}{100}$（　　）

3. 根據 $42\times18=756$ 來計算下列的積。　（2分×2）

① 42×1.8　　② 0.42×1.8

4. 65.38 的數字，依序在□中寫出適當的數字。

（1分×3）

$$65.38=10\times\underset{①}{\square}+1\times\underset{②}{\square}+0.1\times3+\underset{③}{\square}\times8$$

5. 根據 $432\div12=36$，求出下列的商。　（2分×2）

① $43.2\div12$　　② $4.32\div1.2$

⑷回答下列問題　　（1.～7.　各2分×7）

1. 由小依序寫出 4 的倍數，那麼第 3 個數目為何？

2. 由小依序寫出 4 和 6 的公倍數，那麼第 2 個數目為何？

3. 12 的公因數全部共有幾個。

4. 寫出 12 和 8 的公因數。

5. 下列整數中有幾個偶數？

（2、5、7、10、25、36、99、100、121）

6. 求 6 和 8 的最小公倍數？

7. 求 12 和 18 的最大公因數？

8. 把下列分數約分？ （1 分×3）

①$\frac{2}{4}$ ②$1\frac{4}{6}$ ③$2\frac{12}{18}$

9. 把下列分數通分？ （2 分×2）

①$(\frac{1}{2}, \frac{2}{3})$ ②$(\frac{1}{2}, \frac{1}{3}, \frac{1}{4})$

(5)計算下列各題

①$\frac{2}{5}+\frac{1}{3}$ ②$\frac{1}{6}+\frac{1}{3}$ ③$1\frac{3}{4}+2\frac{1}{6}$

④$\frac{2}{3}-\frac{1}{2}$ ⑤$2\frac{1}{2}-\frac{3}{4}$ ⑥$3\frac{1}{3}-2\frac{3}{4}$

⑦$\frac{1}{4}+\frac{1}{2}+\frac{1}{3}$ ⑧$1\frac{2}{5}-\frac{1}{3}-\frac{1}{2}$

(6)回答下列的問題

1. 求下圖之直方體的體積。

（算式 1 分，答 1 分，計 2 分）

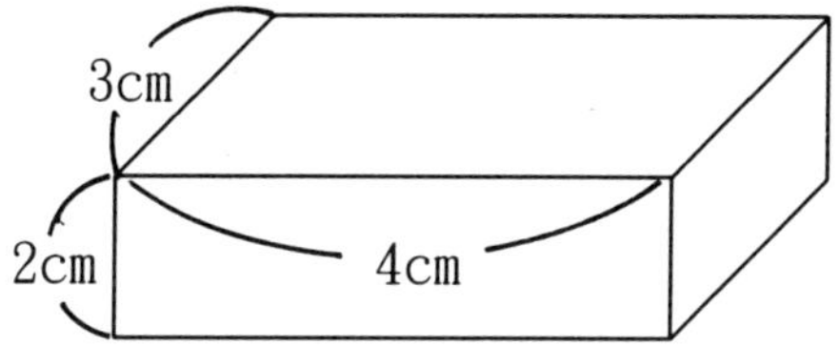

2. 求下圖的ㄅ角度？ （1分）

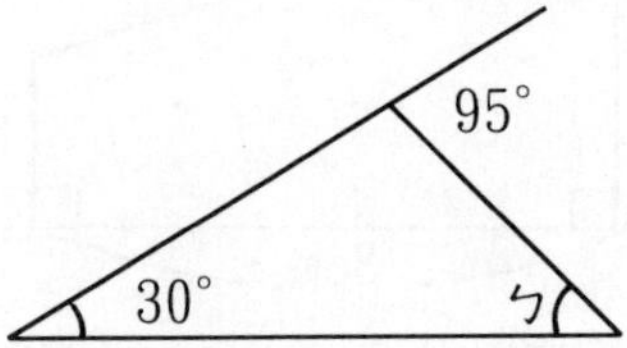

3. 求下圖之平行四邊形的面積

（算式1分，答1分，計2分）

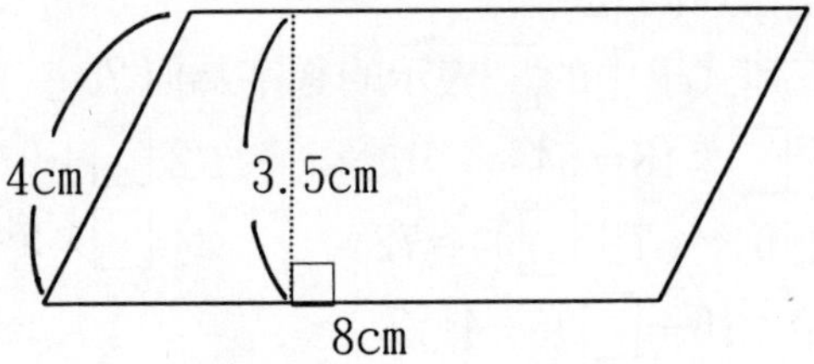

4. 求下圖之三角形的面積。

（算式1分，答1分，計2分）

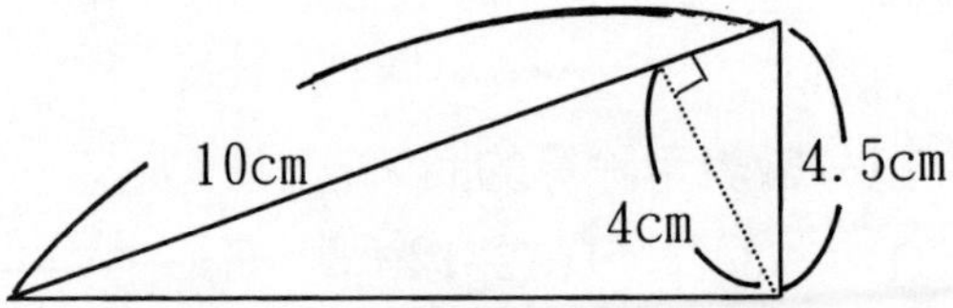

5. 求下圖梯形的面積。

（算式1分，答1分，計2分）

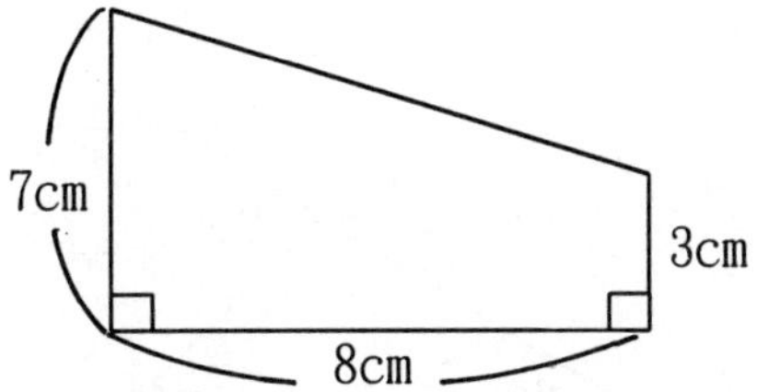

6. 求出半徑 6 cm之圓形的①圓周，②面積。

（1 分×2）

(7)回答下列問題。

1. 下列式子中的□表示的數字為何？（1 分×5）

① □×18＝54　　② □＋9÷3＝18

③ 6×（7＋□）＝72　　④ □×8＋12＝60

⑤（16＋□）÷4＝7

2. 24 個栗子，吃掉若干個應剩下幾個，用文字表示式子。（2 分）

3. 以分數表示除算的商。（1 分×2）

① 7÷8　　② 12÷8

4. 把分數改成小數（1 分×2）

① $\frac{3}{4}$　　② $1\frac{1}{8}$

5. 把小數改成分數　　　　　　　　　　　　（1分×2）

①0.8　　②2.25

(8)回答下列問題

1. 東市的面積是 72 km 2，人口是 61200 人，求東市的人口密度。　　（算式1分，答1分，計2分）

2. 甲、乙、丙3人的體重，分別為 40 kg、26 kg、32 kg。求3人的平均體重為何？

（算式1分，答1分，計2分）

3. 酒精 1ℓ 的重量是 0.78 kg，求 2ℓ 的酒精有多重？

（算式1分，答1分，計2分）

4. 汽車4小時能走 144 km。回答下列問題？

（算式1分，答1分，計2分）

①求汽車的時速。

②求汽車的分速。

③求汽車的秒速。

5. 把 0.75 以①比率②百分率表示。　　（1分×2）

6. 100元打9折後，是多少元？

（算式1分，答1分，計2分）

5 年級 檢查測驗 解說和診斷

（第 1 題）

學習內容解說

這是小數×小數，小數÷小數的計算問題。有餘數的題目出現在下面第 2 題。

第③⑧題是加算、減算混合題，要多加注意。

挫折檢查要點

留意和加、減算時不同，乘算的積和除算的商中的小數點位置常常發生錯誤。由於常見有些國中生仍然不會小數計算，故務必勤加練習直到熟練為止。第②題由於許多孩子作答為 0.0630，故要教他小數最後的 0 不用寫上。第⑥題是答錯機率特別高的問題。

如何答對

務必使用直式筆算方式。如 2.17×2.6 就如下方式教孩子。2.17 的 100 倍成為 217，2.6 的 10 倍成為 26，結果所得的積為全部的 1000 倍，故把積除以 1000，即得

答案 5.642。另有一簡易計算法如下算式。當 2.17×2.6 時，小數點以下的位數共有 3 位（小數第 2 位和第 1 位）故認定積 5642 必須把小數點向左移動 3 位。

$$\begin{array}{r} 2.17 \\ \times \quad 2.6 \\ \hline 1302 \\ 434 \\ \hline 5.642 \end{array} \quad \begin{array}{c} \xrightarrow{100倍} \\ \xrightarrow{10倍} \\ \\ \xleftarrow[1000除以]{} \end{array} \quad \begin{array}{r} 217 \\ \times \quad 26 \\ \hline 1302 \\ 434 \\ \hline 5642 \end{array}$$

又如 8.28÷1.8 的除算，先將被除數和除數各乘以 10 倍，再求出 82.8÷18 即可。這時把商答成 46 的孩子甚多，務必小心。應該在被除數移動小數位置後的同位置點上小數點，商為 4.6。或許可以教導孩子，當被除數和除數同樣乘以 10 倍後，再相除其商不變的原理。聰明的孩子應該懂得 8.28÷1.8=（8.28×10）÷（1.8×10）的問題。

$$\begin{array}{r} 46 \\ 1.8 \enclose{longdiv}{8.2.8} \\ 72 \\ \hline 108 \\ 108 \\ \hline 0 \end{array}$$

解答：①5.642　②0.063　③11.76　④ 4.6
⑤0.64　⑥11.2　⑦5.25　⑧0.6

（第 2 題）

學習內容解說

雙方都是小數的除算，對 5 年級的學生而言是相當困難的計算題。首先，由於孩子不懂何謂概數，故教他若要求從高位算起第 2 位的概數，則在由高位算起第 3 位數上四捨五入。另外小數除法的餘數處理方式也不容易。

挫折檢查測驗

有的孩子把第①的商 0.73958……持續往下計算，故要教導他只要算到由高位算起第 3 位即可。有餘數的除算，若是小數的情況，餘數的小數點必須對齊被除數的原小數點位置。第③④的商以整數作答，也常見錯誤例子。

如何答對

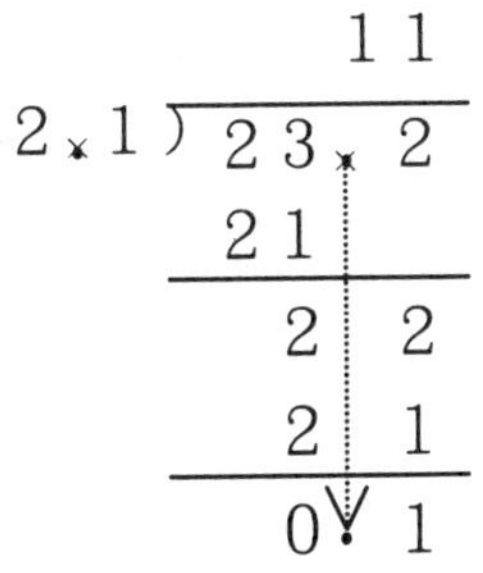

第①②題是為了確認是否會四捨五入，再由高位算起第 3 位的數目四捨五入求解。第③題如右算式把商求到 11 即停止計算。至於餘數的 1，要把原來的小數點移下來變成 0.1。若孩子詢問：「為何餘數要把小數點挪移下來？」即可參考教科書來回答。略懂得理論思考的孩

子，可作如下說明。「因為 23.2÷2.1＝(23.2×10)÷(2.1×10)所以利用 232÷21 即能算出 23.2÷2.1 除算的商。但是當時的餘數是 23.2×10＝232 的餘數，所以要換成 23.2 的餘數就必須再除以 10。故把餘數 1 除以 10 等於 0.1 才是真正的餘數。」

解答：① 0.74　② 49　③ 11……0.1　④ 241……0.8

〈第 3 題〉

學習內容解說

第 1、2、4 題是詢問孩子有關小數結構的位數問題。第 3 題只要了解小數乘算結構，第 5 題只要了解小數除算結構，就都能解答。

挫折檢查要點

第 1、2 題是移動小數點的問題，第 1 題是向右挪移，第 2 題是向左挪移。第 2 題的②答是「.6534」，故務必在左方加上 0，成為 0.6534。第 3、5 題有些孩子雖也會實際計算，但務必請他心算。也把它當作移動小數點的問題之一。

如何答對

10 倍時小數點向右移 1 位，100 倍時則向右移 2 位。也就是視倍數中 0 的個數，向右移動小數點。相反的，$\frac{1}{10}$時小數點向左移 1 位，$\frac{1}{100}$倍時向左移 2 位。記得這個原則，那麼第 3 題等立刻能解答。第 3 題的①求 42×1.8，因為 18 的$\frac{1}{10}$是 1.8，故作答時把積 756 乘上$\frac{1}{10}$即是。第②題 0.42 是 42 的$\frac{1}{100}$，1.8 是 18 的$\frac{1}{10}$，故答案是 756×$\frac{1}{1000}$。第 5 題的①因 43.2 是 432 的$\frac{1}{10}$，故答案是 36×$\frac{1}{10}$。第②題的除數為 1.2，故連同被除數一起乘上 10 倍。即 43.2÷12，最後就能得知本題和第①題相同。

解答：

1.	① 30.74	② 307.4	
2.	① 6.534	② 0.6534	
3.	① 75.6	② 0.756	
4.	① 6	② 5	③ 0.01
5.	① 3.6	② 3.6	

〈第 4 題〉

學習內容解說

第 1～7 為止是倍數、公倍數、最小公倍數、因數、公因數、最大公因數、偶數、奇數的問題。這些在國中課程一概納入整數性質的項目，故儘量讓孩子學會基本的問題。至於最大公因數和最小公倍數是 1992 年才新加入的項目，內容或許讓小學生感到困難。但至少要懂得它的意義。第 8 題是利用公因數約分，第 9 題是利用公倍數通分的問題。如果無法流利地算出這些問題，則到了異分母的分數加、減算就受阻礙，務必小心。

挫折檢查要點

第 1 題是讓小學生思考不要填入 0 這個數。第 2 題是把 4 的倍數和 6 的倍數併寫在一起思考，但仍要把 0 除外。第 3 題中許多孩子不知道公因數中尚含有 1。第 6、7 題同樣先把數目寫齊之後再做思考。第 8 題的③最後作答 $2\frac{6}{9}$ 的孩子甚多，務必注意。第 9 題的②，只要會求 2、3、4 的最小公倍數即能解答。

如何答對

第 1 題由於 4 的倍數是 4、8、12、16、20、24……，故答案為 12。第 2 題由於 6 的倍數是 6、12、18、24……，故第 1 個公倍數是 12，那麼第 2 個公倍數就是 24。第 3 題可思考為 12÷1＝12，12÷2＝6，12÷3＝4，即能得知除數和商都是 12 的公因數。第 5 題是只要了解能被 2 整

除的數都是偶數，即能解題。第 6、7 題只要知道最小公倍數就是公倍數中最小的數；最大公因數是公因數中最大的數，小學生應會排列並找出解答，有關質因數分解的方法也有教導的必要。第 8 題是把分母和分子各除以（最大）公因數。第 9 題是使用最小公倍數找出共同的分母，然後就能輕易解題。

解答：1.　12　　2.　24　　3.　6 個

4.｛1、2、4｝　　5.　4 個

6.　24　　7.　6

8.　①$\frac{1}{2}$　　②$1\frac{2}{3}$　　③$2\frac{2}{3}$

9.　①（$\frac{3}{6}$，$\frac{4}{6}$）　　②（$\frac{6}{12}$，$\frac{4}{12}$，$\frac{3}{12}$）

〈第 5 題〉

學習內容解說

這是異分母分數的加算和減算問題。小心約分和通分。

挫折檢查要點

通分時儘量找出最小公倍數，否則會因忘記約分而出

錯。例如第②題的公分母設定為 $6\times3=18$，則 $\frac{1}{6}+\frac{1}{3}=\frac{3}{18}+\frac{6}{18}=\frac{9}{18}$ 而誤以此作答，故應以最小公倍數 6 作為公分母。但作了這點仍不可大意。如 $\frac{1}{6}+\frac{2}{6}=\frac{3}{6}$，因此許多孩子會誤答為 $\frac{3}{6}$，務必再度約分成為最簡分數 $\frac{1}{2}$ 才是正確解答。故對於約分和通分應更加細心注意。

如何答對

首先一定要會通分，這時要教他利用公倍數。最初時，$\frac{5}{6}+\frac{3}{4}$ 的計算，可以使用 $6\times4=24$ 的公倍數當作公分母，習慣之後，再改以 6 和 4 的最小公倍數 12 來通分更好。答案出現後，必須培養檢查是否能再度約分的習慣，另外小學時最好把 $\frac{1}{4}+\frac{5}{6}=\frac{3}{12}+\frac{10}{12}=\frac{13}{12}$ 這般的假分數答案改為帶分數 $1\frac{1}{12}$ 來回答。

解答： ① $\frac{11}{15}$　② $\frac{1}{2}$　③ $3\frac{11}{12}$　④ $\frac{1}{6}$

⑤ $1\frac{3}{4}$　⑥ $\frac{7}{12}$　⑦ $1\frac{1}{12}$　⑧ $\frac{17}{30}$

〈第 6 題〉

學習內容解說

第 1 題是求體積的問題。第 2 題是利用三角形的性質來求得角度。第 3. ～5. 題是求面積的問題，只要記得平行四邊形、三角形和梯形面積的公式即能解答。第 6 題是求圓的圓周長和面積，圓周率避免使用國中生所學的 π ，而改使用 3.14 才好。

挫折檢查要點

第 2 題即使孩子列出 95－30＝65 的算式，也得讓他好好思考為何要 如此列式。第 3 題的重點在於找出何者是底邊，何者是高。第 4 題有許多孩子不知道何者為底邊，務必小心。第 5 題若沒有橫觀梯形的構思，即無法解答。第 6 題應留意不要記錯圓周和圓面積的計算公式。同時小心第①題的單位是㎝，第②題的單位是$㎝^2$。

如何答對

第 2 題小學生應以正攻法解答，先算出 180－95＝85 之三角形的角度（95° 的鄰角），然後解出 180－30－85＝65。第 4 題的底邊是 10 ㎝，高是 4 ㎝。許多孩子誤把這個三角形當作直角三角形。第 5 題認定上底是 3 ㎝，下底是 7 ㎝，高是 8 ㎝。孩子要能透過各種角度來觀察圖形

才好。本題把 7 cm的一邊當作下底，自然能懂得高為 8 cm。

解答： 1. 式：3×4×2＝24　　答：24 cm^3

2. 65°

3. 式：8×3.5＝28　　答：28 cm^2

4. 式：10×4÷2＝20　　答：20 cm^2

5. 式：（3＋7）×8÷2＝40　　答：40 cm^2

6. ① 37.68 cm　　② 113.04 cm^2

〈第 7 題〉

學習內容解說

第 1 題是使用□的算式來求出□值的問題。由於國中生懂得正負移項的方式，故可當方程式來解題，但小學生卻無法辦到。一律讓他們以倒算方式解題。第 2 題是以具體的數值來當作□，並用算式來表示數量大小的問題，第 3.～5. 題是理解小數與分數關係的問題。

挫折檢查要點

第 1 題的③是 6×（7＋□）＝72，故倒算時應把（ ）中的數留到最後計算。考量 6×［（7＋□）］＝72，求出外圍的□是 72÷6＝12，然後再重新計算 7+□＝12 的式子。如此即得知□＝5。第④題因［□×8］＋12＝60，故思考□

＋12＝60，外圍的□＝48，故□×8＝48。第⑤題因（16＋□）÷4＝7，則□÷4＝7，外圍的□＝28，故 16＋□＝28。第 3 題的②要寫成 $\frac{12}{8}=1\frac{4}{8}=1\frac{1}{2}$，化為帶分數之後再約分。第 4 題的②要寫成 $1\frac{1}{8}=\frac{9}{8}$，9÷8＝1.125。第 5 題的①是 1 位小數，故改成 $\frac{8}{10}$，第②是 2 位小數故改成 $2\frac{25}{100}$，但需要再約分。

解答：1. ① 3　② 15　③ 5　④ 6　⑤ 12

2. 24－□　（個）……沒有單位也無妨。

3. ① $\frac{7}{8}$　② $1\frac{1}{2}$　　4. ① 0.75　② 1.125

5. ① $\frac{4}{5}$　② $2\frac{1}{4}$

（第 8 題）

學習內容解說

第 1～4 題都是求單位量大小的問題。所謂「每單位有多少量」的單位數大小。第 1 題是人口密度問題（即 1 km^2 有多少人？），第 2 題是平均問題（每人有幾kg？）第 3 題是 1 ℓ 有 0.78 kg有的延伸問題，第 4 題是速度的問題

（1小時走多少km），第5、6題是求百分率和比例的問題。

挫折檢查要點

想要求「每單位的數量」時，只要知道以除算作答，第1、2題就會寫了。而且要注意單位。第3題已出現1個單位的數量，故不能使用除算解題。第4題許多孩子只會算時速，卻不會計算分速和秒速。第6題誤答為10元的孩子不少，務必留意。

如何答對

第1題是求每單位的數量，基本計算方式是「全體的量÷幾個單位」。求人口密度時。將人口61200人視為全體的量，72 km^2則視為幾個單位（有72個1 km^2）。第2題首先算出全體的量，再除以3即得解。第3題因1ℓ的量是0.78 kg，故以0.78×2求解。第4題時速化為分速時除以60，若化為秒速，則以分速再除以60。這種情況下應注意先把km改成m再進行演算。第6題務必回想比例的基本公式即｛比例｝＝｛被比的量｝÷｛原來的量｝。

解答：1. 式：61200÷72＝850　答850人（或者1 km^2有850人）

2. 式：（40＋36＋32）÷3＝36　答：36 kg

3. 式：0.78×2＝1.56　答1.56 kg

4. ①式：144÷4＝36　答：時速 36 ㎞

②式：36000÷60＝600　答：分速 600m

③式：600÷60=10　答：秒速 10m

5. ① 七成五　② 75%

6. 式 100－100×0.1＝90 另外 100×（1－0.1）＝90　答 90 元

6 年級
挫折檢查測驗

(1)計算下列各題　〈1分×8〉

① $\frac{3}{5}\times\frac{6}{7}$　② $\frac{3}{4}\times\frac{4}{7}$　③ $1\frac{3}{4}\times 2$

④ $1\frac{3}{4}\times 1\frac{1}{7}$　⑤ $7\div 3\frac{1}{2}$　⑥ $3\frac{1}{3}\div 4$

⑦ $\frac{2}{3}\div\frac{2}{5}$　⑧ $2\frac{2}{5}\div 2\frac{2}{3}$

(2)計算下列各題　〈2分×5〉

① $1\frac{2}{5}\times 1\frac{1}{4}\times 1\frac{1}{7}$　② $7\div 2\div\frac{5}{8}$

③ $3\frac{3}{5}\div 4\frac{1}{2}\div 2\frac{2}{3}$　④ $\frac{3}{8}\times 1\frac{1}{5}\times\frac{4}{7}$

⑤ $4\frac{2}{3}+1\frac{2}{7}\times 1\frac{1}{6}$

(3)在□填入適當的等號或不等號　(1分×4)

① $\frac{1}{5}\times 1$ □ $\frac{1}{5}\times\frac{3}{4}$　② $6\times 1\frac{1}{2}$ □ $\frac{6}{1}\times\frac{3}{2}$

③ $\frac{3}{5}\div 1$ □ $\frac{3}{5}\div\frac{5}{6}$　④ $5\div 1\frac{1}{7}$ □ $\frac{5}{1}\div\frac{8}{7}$

(4)回答下列問題

1. 適合□中的數為何？

①$\frac{1}{3}$小時＝□分　②$1\frac{1}{4}$分＝□分□秒

2. $1\frac{1}{2}\times\square=6\frac{1}{2}$，那麼□是多少？

（式 1 分，答 1 分，計 2 分）

3. 求下列各數的倒數。（1 分×2）

①$\frac{2}{3}$　② 6

4. 以分數計算下列各題（2 分×2）

① $0.25\times2.4\div0.6$　② $7\div6\times18\div14$

(5)回答下列各題

1. 簡化下列各題的比例（2 分×3）

① 3：9　② $1.2\div0.8$　③ $\frac{1}{3}\div1\frac{1}{4}$

2. 求下列各題的比值。（2 分×3）

① 3：5　② 0.3：0.6　③ $1\frac{1}{2}$：$2\frac{1}{4}$

3. 若 3：4=9：□，則式中的□應是多少？（3 分）

4. 由下列各組中選出2組等於1：2的數。（2分×2）
① 3：5　② 6：12　③ 18：9　④ 1.2：2.4

⑹針對下面2個三角形回答下面問題？（2分×3）
1. ㄅㄆ邊的對應邊為何？
2. 求ㄆㄇ邊和ㄉㄊ邊的比值？
3. 三角形ㄅㄆㄇ是三角形ㄈㄉㄊ的幾倍大？

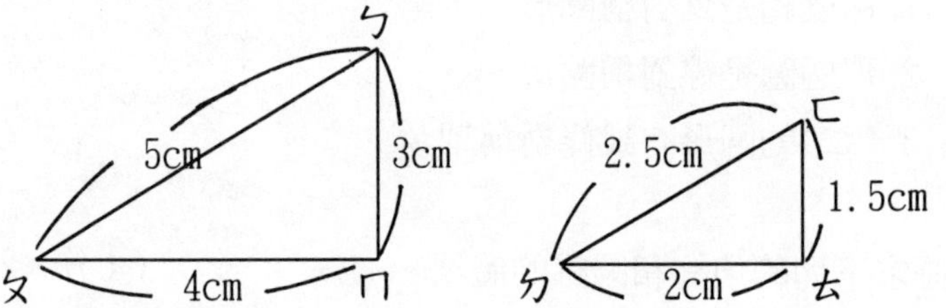

⑺下圖是長方形土地$\frac{1}{1000}$的縮圖，請回答下列問題？
（4分×2）

1. ㄅㄈ邊的實際長度是多少m？
2. 這塊土地的實際面積是多少m^2？

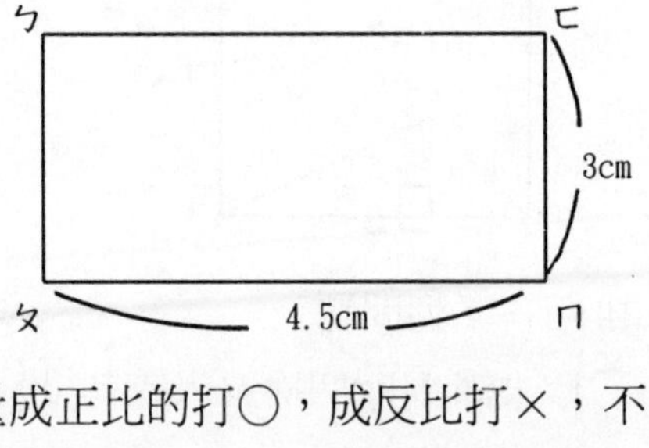

⑻在下列文章中，2個量成正比的打○，成反比打×，不能相比的情況打△。（2分×5）
①郵票1枚72元，買ㄅ枚需花ㄆ元。

②用功時間為ㄅ小時，測驗成績為ㄆ分。

③面積 12 cm^2 的長方形，長為ㄅcm和寬為ㄆcm。

④時速ㄅkm步行 10 km的路時，需花費ㄆ小時。

⑤正方形的邊長ㄅcm，周長為ㄆcm。

(9)針對下列 4 個四邊形，請以記號回答下列問題。

（2 分×3，第 1、2 題全部答對才給 2 分）

(ㄅ)平行四邊形　(ㄆ)正方形　(ㄇ)菱形　(ㄈ)長方形

1. 那個圖是點對稱圖形。

2. 那個圖是線對稱圖形。

3. (ㄈ)的圖形有幾條對稱軸。

(10) 求下列的角柱和圓錐的體積。　（4 分×2）

①

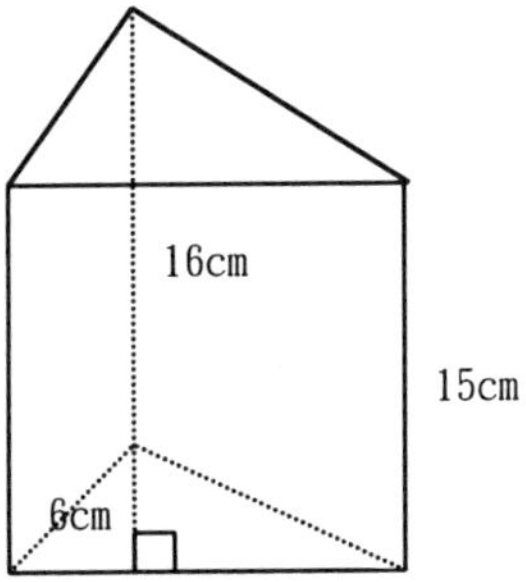

②

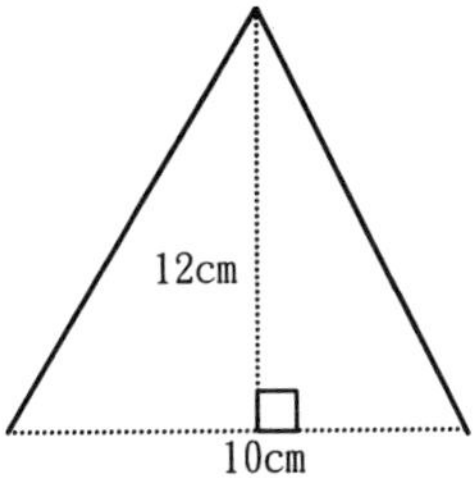

(11) 回答下列問題。　（3 分×3）

1. 未滿 1 kg四捨五入成為 39 kg的重量，應在幾kg以上未滿幾kg？

2. 小明班上，暑假1週中曾使用游泳池的人數如下表。求使用游泳池的總人數。

星期	一	二	三	四	五	六
人數	7	12	9	10	8	6

3. 把 1、2、3 這 3 個數字，限定每回各能出現 1 次，所形成的 3 位數的數字有幾個？

6 年級 檢查測驗 解說和診斷

〈第 1 題〉

學習內容解說

這些都是分數的乘算和除算的基本問題。

挫折檢查要點

許多孩子把類似第④題的計算如此完成$1\frac{3}{4}\times 1\frac{1}{7}=1\frac{3}{28}$。應教導他分數的乘除算，必先把帶分數化為假分數之後再行計算。如第③ ⑤ ⑥題，有一方為整數時，可考慮把整數先化為分數再計算較為容易。以⑤為例可列式$7\div 3\frac{1}{2}=\frac{7}{1}\div\frac{7}{2}=\frac{7}{1}\times\frac{2}{7}=2$。計算過程中若能約分即不忘先行約分，務必養成習慣。

如何答對

不隨意省略計算過程的算式，才是又正確又快速的計算要訣。如第⑧題就列出$2\frac{2}{5}\div 2\frac{2}{3}=\frac{12}{5}\div\frac{8}{3}=$

$\frac{{}^{3}\cancel{12}\times 3}{5\times\cancel{8}_{2}}=\frac{9}{10}$，能約分即約分，好好地寫並留下式子。

如此一來，一眼即能看出錯誤出在何處，再度復習時就更為方便了。也有孩子不畫＝（等號）即隨便計算，應該留意。

解答：①$\frac{18}{35}$　②$\frac{3}{7}$　③$3\frac{1}{2}$　④ 2　⑤ 2

⑥$\frac{5}{6}$　⑦$1\frac{2}{3}$　⑧$\frac{9}{10}$

〈第 2 題〉

學習內容解說

這是 3 個分數的乘除混合計算題。第⑤題中又混入了加算，應該注意。

挫折檢查要點

第①題到第④題，都僅是乘算或除算的計算，最好 3 個一起計算，不要一個個地計算。過程中出現的幾次約分都要留下是重點。第⑤題務必記得先乘除後加減的計算規則。分數的情況，同樣採用四則計算規則。

如何答對

不僅是分數的計算，只要把計算問題的中途過程留存下來，則任誰都能正確解答。在備忘本中演算時最好使用＝（等號）。下面提出的範例請付諸實行。第⑤題混入了加、減算，正確解答率會下降。雖然乘除算要改為假分數，但加減算原則上以帶分數來計算。

① $1\frac{2}{5}\times 1\frac{1}{4}\times 1\frac{1}{7}=\frac{7}{5}\times\frac{5}{4}\times\frac{8}{7}$……化為假分數＝

$\frac{{}^{1}\cancel{7}\times\cancel{5}^{1}\times\cancel{8}^{2}}{{}_{1}\cancel{5}\times\cancel{4}_{1}\times\cancel{7}_{1}}$〈約分〉＝2

② $4\frac{2}{3}+1\frac{2}{7}\times 1\frac{1}{6}=4\frac{2}{3}-\frac{9}{7}\times\frac{7}{6}$……化為假分數

$=4\frac{2}{3}+\frac{{}^{3}\cancel{9}\times\cancel{7}^{1}}{{}_{1}\cancel{7}\times\cancel{6}_{2}}$……約分$=4\frac{2}{3}+1\frac{1}{2}$（帶分數）

$=4\frac{4}{6}+1\frac{3}{6}$（通分）$=5\frac{7}{6}=6\frac{1}{6}$

解答：① 2　② $5\frac{3}{5}$　③ $\frac{3}{10}$　④ $\frac{9}{35}$　⑤ $6\frac{1}{6}$

〈第 3 題〉

學習內容解說

分數的乘算，若乘數小於 1 時，其積會比原被乘數小。另外分數的除算，若除數小於 1 時，其商會比原被除數大。

利用這項性質來回答本題。

挫折檢查要點

雖然孩子可以透過實際計算求解。但若能懂得分數計算的性質，即可一律不使用計算來看出大小或互等關係。

如何答對

第①題因被除數相同，故以除數 1 和 $\frac{3}{4}$ 作考量。第②題只要知道 $6=\frac{6}{1}$，$1\frac{1}{2}=\frac{3}{2}$ 即能解題。第③題被除數相同，比較除數 1 和 $\frac{5}{6}$ 即可。

解答：① ＞　② ＝　③ ＜　④ ＝

〈第 4 題〉

學習內容解說

一律利用分數的乘算、除算之基本問題。

挫折檢查要點

第 1 題要先確認是否知道 1 小時＝60 分，1 分＝60

秒之後再計算。第 2 題即使是分數，也能以除算求出。第 3 題的倒數即使是假分數狀態也能辨認。第 3 題的②常出現誤答。第 4 題請依照指示，使用分數計算，本題也是答對率較低的計算。

如何答對

第 1 題的①把小時化成分時就乘 60，同樣的把分化成秒時也乘以 60。第 2 題用 $6\frac{1}{2}\div1\frac{1}{2}$ 即能求解。第 3 題的②是把 6 變成 $\frac{1}{6}$ 即為倒數。第 4 題的①算式為 $\frac{25}{100}\times\frac{24}{10}\div\frac{6}{10}$，過程中要不斷地約分。第②題的算式是 $7\div6\times18\div14=\frac{{}^{1}\cancel{7}\times\cancel{18}^{3}}{{}_{1}\cancel{6}\times\cancel{14}_{2}}=\frac{3}{2}=1\frac{1}{2}$。除數（6 和 14）務必當作分母，而被除數和乘數（7 和 18）應當作分子，使用乘算計算，如此一來任何數都能算出且無餘數。若改用小數計算，則 $7\div6=1.16\cdots\cdots$，那麼第②題根本無法計算出來。

解答： 1. ① 20　　② 1，15

2. $6\frac{1}{2}\div1\frac{1}{2}=4\frac{1}{3}$　　答：$4\frac{1}{3}$

3. ① $\frac{3}{2}$　　② $\frac{1}{6}$　　4. ① 1　　② $1\frac{1}{2}$

〈第5題〉

學習內容解說

這是比例和比值的問題，第1題是以最簡單的整數表示比例。第2題求比值。第3題由比例的式子中求出□。第4題是確認孩子是否懂得比例的意義。

挫折檢查要點

第1題的②，許多孩子能算到12：8為止，卻忘了化簡，必須注意。第③題的分數比例就出現不會算的個案。第2題也應留心小數和分數題。第4題的③求出來的解是2：1，故不符合正確答案。第④題的小數也可化簡為1：2。

如何答對

第1題的① 3和9各除以最大公因數3。第②題因是1位小數，故雙方各乘以10倍。形成12：8再約分。第③題化成假分數再通分，比較分子，

即$\frac{1}{3}:1\frac{1}{4}=\frac{1}{3}:\frac{5}{4}=\frac{4}{12}:\frac{15}{12}=4:15$。

第2題ㄅ：ㄆ的ㄅ稱為前項，ㄆ稱為後項，把ㄆ當作1思考時的ㄅ比例即稱為比值。也就是利用5年級所學的「比例＝被比的量（ㄅ）÷原來的量（ㄆ）」這個公式來求比值。第3題因為前項3→9是3倍，故後項4也應

乘以 3 倍成為 12 即求出答案。另外有ㄅ：ㄆ＝ㄇ：ㄈ ㄆ×ㄇ＝ㄅ×ㄈ的關係，應考生最好知道此種方法。第 4 題一律先化簡再查證，定能了解。

〔註〕小學生的教科書雖不曾出現前項、後項的名詞，但記住較為方便。

解答：1.① 1：3　②3：2　③ 4：15

2.①$\frac{3}{5}$　②$\frac{1}{2}$　③$\frac{2}{3}$　3. 12　4.②、④

〈第 6 題〉

學習內容解說

這是擴大圖的問題。類似國中生研讀的項目，屬於比較複雜的課業，故 6 年級只要能學會這種程度就足夠了。

挫折檢查要點

第 1 題是大小不同但形狀相同的平面圖形，各個邊都有對應的一邊。第 2 題是求ㄆㄇ邊和ㄉㄊ邊的比值，故用那兩數相除不要出錯。第 3 題常有孩子考慮太多而回答$\frac{1}{2}$倍。

如何答對

讓孩子能同方向比較 2 個圖形。思考小的三角形如何變成大的三角形。本題是透過邊長比較理解形成 2 倍大。

解答：1. ㄈㄉ邊〈不可寫ㄉㄈ邊〉2. 2　3. 2倍

〈第 7 題〉

學習內容解說

這是縮圖的問題。縮尺的表示方法分為 1000 和 $\frac{1}{1000}$。$\frac{1}{1000}$是把某圖形縮成$\frac{1}{1000}$。例如 1000 cm的長度即以 1 cm表示。

挫折檢查要點

如何恢復縮圖$\frac{1}{1000}$後成為 3 cm或 4.5 cm的原來 尺寸是本題考量的重點。第 2 題有些孩子會誤答 $3\times4.5=13.5\ cm^2$，故 $13.5\times1000=13500\ cm^2=1.35m^2$，並且不懂得區別cm和 m、$cm^2$和 m^2單位的不同，頭腦常混淆不清。

如何答對

所謂長度的$\frac{1}{1000}$就寫成□×$\frac{1}{1000}$。ㄅㄈ＝4.5 cm，

故□× $\frac{1}{1000}$ ＝4.5，□＝4.5÷ $\frac{1}{1000}$ ＝4.5×1000＝4500 cm＝45m。第 2 題應先ㄅㄆ求的實際長度再算ㄅㄆ×ㄅㄈ的面積。因ㄅㄆ＝30m，故 30×45＝1350m^2。

解答：1.　45m　　2.　1350m^2

〈第 8 題〉

學習內容解說

這是區別正比和反比的問題，詳情到了國中 1、2 年級的關數單元再教導，故目前只要能掌握基本的知識即不成問題。

挫折檢查要點

若能熟知正比和反比 2 種的意義，即容易做比較。本題要找出哪一種情況令小學生大費周章。

如何答對

有甲、乙 2 個量，甲成為 2 倍或 3 倍時乙也能成為 2 倍或 3 倍，則稱「乙和甲成正比）。另外甲成為 2 倍或 3 倍時，乙值則成為 $\frac{1}{2}$ 、$\frac{1}{3}$ ，則稱「乙和甲成反比」。至於用功時間愈長，固然可認為分數也會成正比的提升，但

也有可能變成$\frac{1}{2}$、$\frac{1}{3}$的減低分數。故要教導孩子像這種主觀的事物，是無法定為正比或反比的哪一種。

解答：○……①⑤，　×……③④，　△……②

〈第9題〉

學習內容解說

這是區別線對稱圖形和點對稱圖形的概念。

挫折檢查要點

孩子無法懂得區別點對稱和線對稱。線對稱必有對稱的軸，故首先由探求對稱軸開始。另外點對稱是以1個點為中心旋轉180°之後，必定會和原來的形狀緊緊重疊，故必定有對稱的中心。務必認定本題的重點在於找出對稱的軸和對稱的點。

如何答對

讓孩子使用尺畫ㄅ～ㄈ四個圖形，結果應能發現對稱軸和對稱點。

解答：1.(ㄅ)、(ㄆ)、(ㄇ)、(ㄈ)　2.(ㄆ)、(ㄇ)、(ㄈ)。

3.　2條

〈第 10 題〉

學習內容解說

這是求立體圖形體積的問題。在 1991 年之前都是出現在國中教科書中。

挫折檢查要點

內容對小學生而言是困難的。第 1 題還沒問題，但第 2 題因圓柱的體積必須乘以 $\frac{1}{3}$ ，孩子就會感到疑惑。透過學校的積木等教具，讓孩子目視確認，其他別無他法。

如何答對

第 1 題稱為角柱的立體，使用「底面積×高」的公式來求體積。為何使用這個公式，教科書中有詳細說明，請仔細研讀。第 2 題是稱為圓錐的立體，使用「半徑×半徑×3.14×高×$\frac{1}{3}$）的公式求得體積。

解答：1.　720 cm^3　　　2.　314 cm^3

〈第 11 題〉

學習內容解說

第 1 題是要知道以上、以下、未滿的名詞意義，再利用四捨五入尋求數的範圍。第 2 題要懂得總人數（或日數)，的意義即能理解。第 3 題的情況是要求排列數字。本題在國中時會更仔細教導。小學生的情況只要圖解簡單的問題就足夠了。

挫折檢查要點

第 1 題未滿 1 kg即表示不包含 1 kg，故不妨認定是 1 位小數。無法思考四捨五入的孩子應該留意。第 2 題因為同 1 個人可能使用游泳池 2 次，但也要算做是 2 個人，故孩子容易被混淆。第 3 題不可想到類似 111 的數字。

如何答對

第 1 題應在 38. [a]～39. [b]的範圍內。前面的數是 38 而非 39，而後面的數是由 39 開始的小數。a 的地方必須是 5 不是 4，b 的地方相反的必定是 4 不是 5，就是在 38.5 到 39.4 這些數的範圍，即 38.5 kg以上到未滿 39.5 kg。第 2 題以 7＋12＋9＋10＋8＋6＝52 的式子求出。第 3 題畫出樹系圖即立刻知道。例如百分位是 1 的時候，則有 $1<\begin{matrix}2-3\\3-2\end{matrix}$，同樣百分位是 2 時或 3 時，查查看會有多少

情況。以式子表示即 $2\times3=6$ 種。

解答： 1.　38.5 kg以上，未滿 39.5 kg

2.　52 人　　3.　6 種

大展出版社有限公司
品冠文化出版社

圖書目錄

地址：台北市北投區(石牌)
致遠一路二段 12 巷 1 號
郵撥：01669551＜大展＞
19346241＜品冠＞
電話：(02) 28236031
28236033
28233123
傳真：(02) 28272069

・熱門新知・品冠編號 67

1.	圖解基因與 DNA	（精）	中原英臣主編	230 元
2.	圖解人體的神奇	（精）	米山公啟主編	230 元
3.	圖解腦與心的構造	（精）	永田和哉主編	230 元
4.	圖解科學的神奇	（精）	鳥海光弘主編	230 元
5.	圖解數學的神奇	（精）	柳谷晃著	250 元
6.	圖解基因操作	（精）	海老原充主編	230 元
7.	圖解後基因組	（精）	才園哲人著	230 元
8.	圖解再生醫療的構造與未來		才園哲人著	230 元
9.	圖解保護身體的免疫構造		才園哲人著	230 元
10.	90 分鐘了解尖端技術的結構		志村幸雄著	280 元

・名人選輯・品冠編號 671

1.	佛洛伊德	傅陽主編	200 元
2.	莎士比亞	傅陽主編	200 元
3.	蘇格拉底	傅陽主編	200 元
4.	盧梭	傅陽主編	200 元

・圍棋輕鬆學・品冠編號 68

1.	圍棋六日通	李曉佳編著	160 元
2.	布局的對策	吳玉林等編著	250 元
3.	定石的運用	吳玉林等編著	280 元
4.	死活的要點	吳玉林等編著	250 元

・象棋輕鬆學・品冠編號 69

1.	象棋開局精要	方長勤審校	280 元
2.	象棋中局薈萃	言穆江著	280 元

・生活廣場・品冠編號 61

1.	366 天誕生星	李芳黛譯	280 元

2. 366天誕生花與誕生石　李芳黛譯　280元
3. 科學命相　淺野八郎著　220元
4. 已知的他界科學　陳蒼杰譯　220元
5. 開拓未來的他界科學　陳蒼杰譯　220元
6. 世紀末變態心理犯罪檔案　沈永嘉譯　240元
7. 366天開運年鑑　林廷宇編著　230元
8. 色彩學與你　野村順一著　230元
9. 科學手相　淺野八郎著　230元
10. 你也能成為戀愛高手　柯富陽編著　220元
11. 血型與十二星座　許淑瑛編著　230元
12. 動物測驗—人性現形　淺野八郎著　200元
13. 愛情、幸福完全自測　淺野八郎著　200元
14. 輕鬆攻佔女性　趙奕世編著　230元
15. 解讀命運密碼　郭宗德著　200元
16. 由客家了解亞洲　高木桂藏著　220元

・女醫師系列・品冠編號 62

1. 子宮內膜症　國府田清子著　200元
2. 子宮肌瘤　黑島淳子著　200元
3. 上班女性的壓力症候群　池下育子著　200元
4. 漏尿、尿失禁　中田真木著　200元
5. 高齡生產　大鷹美子著　200元
6. 子宮癌　上坊敏子著　200元
7. 避孕　早乙女智子著　200元
8. 不孕症　中村春根著　200元
9. 生理痛與生理不順　堀口雅子著　200元
10. 更年期　野末悅子著　200元

・傳統民俗療法・品冠編號 63

1. 神奇刀療法　潘文雄著　200元
2. 神奇拍打療法　安在峰著　200元
3. 神奇拔罐療法　安在峰著　200元
4. 神奇艾灸療法　安在峰著　200元
5. 神奇貼敷療法　安在峰著　200元
6. 神奇薰洗療法　安在峰著　200元
7. 神奇耳穴療法　安在峰著　200元
8. 神奇指針療法　安在峰著　200元
9. 神奇藥酒療法　安在峰著　200元
10. 神奇藥茶療法　安在峰著　200元
11. 神奇推拿療法　張貴荷著　200元
12. 神奇止痛療法　漆 浩 著　200元
13. 神奇天然藥食物療法　李琳編著　200元

14.	神奇新穴療法	吳德華編著	200 元
15.	神奇小針刀療法	韋丹主編	200 元

・常見病藥膳調養叢書・品冠編號 631

1.	脂肪肝四季飲食	蕭守貴著	200 元
2.	高血壓四季飲食	秦玖剛著	200 元
3.	慢性腎炎四季飲食	魏從強著	200 元
4.	高脂血症四季飲食	薛輝著	200 元
5.	慢性胃炎四季飲食	馬秉祥著	200 元
6.	糖尿病四季飲食	王耀獻著	200 元
7.	癌症四季飲食	李忠著	200 元
8.	痛風四季飲食	魯焰主編	200 元
9.	肝炎四季飲食	王虹等著	200 元
10.	肥胖症四季飲食	李偉等著	200 元
11.	膽囊炎、膽石症四季飲食	謝春娥著	200 元

・彩色圖解保健・品冠編號 64

1.	瘦身	主婦之友社	300 元
2.	腰痛	主婦之友社	300 元
3.	肩膀痠痛	主婦之友社	300 元
4.	腰、膝、腳的疼痛	主婦之友社	300 元
5.	壓力、精神疲勞	主婦之友社	300 元
6.	眼睛疲勞、視力減退	主婦之友社	300 元

・休閒保健叢書・品冠編號 641

1.	瘦身保健按摩術	聞慶漢主編	200 元
2.	顏面美容保健按摩術	聞慶漢主編	200 元
3.	足部保健按摩術	聞慶漢主編	200 元
4.	養生保健按摩術	聞慶漢主編	280 元

・心 想 事 成・品冠編號 65

1.	魔法愛情點心	結城莫拉著	120 元
2.	可愛手工飾品	結城莫拉著	120 元
3.	可愛打扮 & 髮型	結城莫拉著	120 元
4.	撲克牌算命	結城莫拉著	120 元

・少 年 偵 探・品冠編號 66

1.	怪盜二十面相	（精）	江戶川亂步著	特價 189 元
2.	少年偵探團	（精）	江戶川亂步著	特價 189 元

3.	妖怪博士	（精）	江戶川亂步著	特價 189 元
4.	大金塊	（精）	江戶川亂步著	特價 230 元
5.	青銅魔人	（精）	江戶川亂步著	特價 230 元
6.	地底魔術王	（精）	江戶川亂步著	特價 230 元
7.	透明怪人	（精）	江戶川亂步著	特價 230 元
8.	怪人四十面相	（精）	江戶川亂步著	特價 230 元
9.	宇宙怪人	（精）	江戶川亂步著	特價 230 元
10.	恐怖的鐵塔王國	（精）	江戶川亂步著	特價 230 元
11.	灰色巨人	（精）	江戶川亂步著	特價 230 元
12.	海底魔術師	（精）	江戶川亂步著	特價 230 元
13.	黃金豹	（精）	江戶川亂步著	特價 230 元
14.	魔法博士	（精）	江戶川亂步著	特價 230 元
15.	馬戲怪人	（精）	江戶川亂步著	特價 230 元
16.	魔人銅鑼	（精）	江戶川亂步著	特價 230 元
17.	魔法人偶	（精）	江戶川亂步著	特價 230 元
18.	奇面城的秘密	（精）	江戶川亂步著	特價 230 元
19.	夜光人	（精）	江戶川亂步著	特價 230 元
20.	塔上的魔術師	（精）	江戶川亂步著	特價 230 元
21.	鐵人Q	（精）	江戶川亂步著	特價 230 元
22.	假面恐怖王	（精）	江戶川亂步著	特價 230 元
23.	電人M	（精）	江戶川亂步著	特價 230 元
24.	二十面相的詛咒	（精）	江戶川亂步著	特價 230 元
25.	飛天二十面相	（精）	江戶川亂步著	特價 230 元
26.	黃金怪獸	（精）	江戶川亂步著	特價 230 元

・武　術　特　輯・大展編號 10

1.	陳式太極拳入門	馮志強編著	180 元
2.	武式太極拳	郝少如編著	200 元
3.	中國跆拳道實戰 100 例	岳維傳著	220 元
4.	教門長拳	蕭京凌編著	150 元
5.	跆拳道	蕭京凌編譯	180 元
6.	正傳合氣道	程曉鈴譯	200 元
7.	實用雙節棍	吳志勇編著	200 元
8.	格鬥空手道	鄭旭旭編著	200 元
9.	實用跆拳道	陳國榮編著	200 元
10.	武術初學指南	李文英、解守德編著	250 元
11.	泰國拳	陳國榮著	180 元
12.	中國式摔跤	黃　斌編著	180 元
13.	太極劍入門	李德印編著	180 元
14.	太極拳運動	運動司編	250 元
15.	太極拳譜	清・王宗岳等著	280 元
16.	散手初學	冷　峰編著	200 元
17.	南拳	朱瑞琪編著	180 元

18. 吳式太極劍	王培生著	200 元
19. 太極拳健身與技擊	王培生著	250 元
20. 秘傳武當八卦掌	狄兆龍著	250 元
21. 太極拳論譚	沈 壽著	250 元
22. 陳式太極拳技擊法	馬 虹著	250 元
23. 二十四式/三十二式 太極拳/劍	闞桂香著	180 元
24. 楊式秘傳 129 式太極長拳	張楚全著	280 元
25. 楊式太極拳架詳解	林炳堯著	280 元
26. 華佗五禽劍	劉時榮著	180 元
27. 太極拳基礎講座：基本功與簡化 24 式	李德印著	250 元
28. 武式太極拳精華	薛乃印著	200 元
29. 陳式太極拳拳理闡微	馬 虹著	350 元
30. 陳式太極拳體用全書	馬 虹著	400 元
31. 張三豐太極拳	陳占奎著	200 元
32. 中國太極推手	張 山主編	300 元
33. 48 式太極拳入門	門惠豐編著	220 元
34. 太極拳奇人奇功	嚴翰秀編著	250 元
35. 心意門秘籍	李新民編著	220 元
36. 三才門乾坤戊己功	王培生編著	220 元
37. 武式太極劍精華＋VCD	薛乃印編著	350 元
38. 楊式太極拳	傅鐘文演述	200 元
39. 陳式太極拳、劍 36 式	闞桂香編著	250 元
40. 正宗武式太極拳	薛乃印著	220 元
41. 杜元化＜太極拳正宗＞考析	王海洲等著	300 元
42. ＜珍貴版＞陳式太極拳	沈家楨著	280 元
43. 24 式太極拳＋VCD	中國國家體育總局著	350 元
44. 太極推手絕技	安在峰編著	250 元
45. 孫祿堂武學錄	孫祿堂著	300 元
46. ＜珍貴本＞陳式太極拳精選	馮志強著	280 元
47. 武當趙堡太極拳小架	鄭悟清傳授	250 元
48. 太極拳習練知識問答	邱丕相主編	220 元
49. 八法拳 八法槍	武世俊著	220 元
50. 地趟拳＋VCD	張憲政著	350 元
51. 四十八式太極拳＋DVD	楊 靜演示	400 元
52. 三十二式太極劍＋VCD	楊 靜演示	300 元
53. 隨曲就伸 中國太極拳名家對話錄	余功保著	300 元
54. 陳式太極拳五功八法十三勢	闞桂香著	200 元
55. 六合螳螂拳	劉敬儒等著	280 元
56. 古本新探華佗五禽戲	劉時榮編著	180 元
57. 陳式太極拳養生功＋VCD	陳正雷著	350 元
58. 中國循經太極拳二十四式教程	李兆生著	300 元
59. ＜珍貴本＞太極拳研究	唐豪・顧留馨著	250 元
60. 武當三豐太極拳	劉嗣傳著	300 元
61. 楊式太極拳體用圖解	崔仲三編著	400 元

62. 太極十三刀	張耀忠編著	230 元
63. 和式太極拳譜＋VCD	和有祿編著	450 元
64. 太極內功養生術	關永年著	300 元
65. 養生太極推手	黃康輝編著	280 元
66. 太極推手祕傳	安在峰編著	300 元
67. 楊少侯太極拳用架真詮	李璉編著	280 元
68. 細說陰陽相濟的太極拳	林冠澄著	350 元
69. 太極內功解祕	祝大彤編著	280 元
70. 簡易太極拳健身功	王建華著	180 元
71. 楊氏太極拳真傳	趙斌等著	380 元
72. 李子鳴傳梁式直趟八卦六十四散手掌	張全亮編著	200 元
73. 炮捶 陳式太極拳第二路	顧留馨著	330 元
74. 太極推手技擊傳真	王鳳鳴編著	300 元
75. 傳統五十八式太極劍	張楚全編著	200 元
76. 新編太極拳對練	曾乃梁編著	280 元
77. 意拳拳學	王薌齋創始	280 元
78. 心意拳練功竅要	馬琳璋著	300 元
79. 形意拳搏擊的理與法	買正虎編著	300 元
80. 拳道功法學	李玉柱編著	300 元
81. 精編陳式太極拳拳劍刀	武世俊編著	300 元
82. 現代散打	梁亞東編著	200 元
83. 形意拳械精解（上）	邸國勇編著	480 元
84. 形意拳械精解（下）	邸國勇編著	480 元
85. 楊式太極拳詮釋【理論篇】	王志遠編著	200 元
86. 楊式太極拳詮釋【練習篇】	王志遠編著	280 元
87. 中國當代太極拳精論集	余功保主編	500 元
88. 八極拳運動全書	安在峰編著	480 元
89. 陳氏太極長拳 108 式＋VCD	王振華著	350 元

・彩色圖解太極武術・大展編號 102

1. 太極功夫扇	李德印編著	220 元
2. 武當太極劍	李德印編著	220 元
3. 楊式太極劍	李德印編著	220 元
4. 楊式太極刀	王志遠著	220 元
5. 二十四式太極拳(楊式)＋VCD	李德印編著	350 元
6. 三十二式太極劍(楊式)＋VCD	李德印編著	350 元
7. 四十二式太極劍＋VCD	李德印編著	350 元
8. 四十二式太極拳＋VCD	李德印編著	350 元
9. 16 式太極拳 18 式太極劍＋VCD	崔仲三著	350 元
10. 楊氏 28 式太極拳＋VCD	趙幼斌著	350 元
11. 楊式太極拳 40 式＋VCD	宗維潔編著	350 元
12. 陳式太極拳 56 式＋VCD	黃康輝等著	350 元
13. 吳式太極拳 45 式＋VCD	宗維潔編著	350 元

14.	精簡陳式太極拳 8 式、16 式	黃康輝編著	220 元
15.	精簡吳式太極拳<36 式拳架・推手>	柳恩久主編	220 元
16.	夕陽美功夫扇	李德印著	220 元
17.	綜合 48 式太極拳＋VCD	竺玉明編著	350 元
18.	32 式太極拳（四段）	宗維潔演示	220 元
19.	楊氏 37 式太極拳＋VCD	趙幼斌著	350 元
20.	楊氏 51 式太極劍＋VCD	趙幼斌著	350 元

・國際武術競賽套路・大展編號 103

1.	長拳	李巧玲執筆	220 元
2.	劍術	程慧琨執筆	220 元
3.	刀術	劉同為執筆	220 元
4.	槍術	張躍寧執筆	220 元
5.	棍術	殷玉柱執筆	220 元

・簡化太極拳・大展編號 104

1.	陳式太極拳十三式	陳正雷編著	200 元
2.	楊式太極拳十三式	楊振鐸編著	200 元
3.	吳式太極拳十三式	李秉慈編著	200 元
4.	武式太極拳十三式	喬松茂編著	200 元
5.	孫式太極拳十三式	孫劍雲編著	200 元
6.	趙堡太極拳十三式	王海洲編著	200 元

・導引養生功・大展編號 105

1.	疏筋壯骨功＋VCD	張廣德著	350 元
2.	導引保建功＋VCD	張廣德著	350 元
3.	頤身九段錦＋VCD	張廣德著	350 元
4.	九九還童功＋VCD	張廣德著	350 元
5.	舒心平血功＋VCD	張廣德著	350 元
6.	益氣養肺功＋VCD	張廣德著	350 元
7.	養生太極扇＋VCD	張廣德著	350 元
8.	養生太極棒＋VCD	張廣德著	350 元
9.	導引養生形體詩韻＋VCD	張廣德著	350 元
10.	四十九式經絡動功＋VCD	張廣德著	350 元

・中國當代太極拳名家名著・大展編號 106

1.	李德印太極拳規範教程	李德印著	550 元
2.	王培生吳式太極拳詮真	王培生著	500 元
3.	喬松茂武式太極拳詮真	喬松茂著	450 元
4.	孫劍雲孫式太極拳詮真	孫劍雲著	350 元

5. 王海洲趙堡太極拳詮真　王海洲著　500 元
6. 鄭琛太極拳道詮真　鄭琛著　450 元
7. 沈壽太極拳文集　沈壽著　630 元

・古代健身功法・大展編號 107

1. 練功十八法　蕭凌編著　200 元
2. 十段錦運動　劉時榮編著　180 元
3. 二十八式長壽健身操　劉時榮著　180 元
4. 三十二式太極雙扇　劉時榮著　160 元
5. 龍形九勢健身法　武世俊著　180 元

・太極跤・大展編號 108

1. 太極防身術　郭慎著　300 元
2. 擒拿術　郭慎著　280 元
3. 中國式摔角　郭慎著　350 元

・原地太極拳系列・大展編號 11

1. 原地綜合太極拳 24 式　胡啟賢創編　220 元
2. 原地活步太極拳 42 式　胡啟賢創編　200 元
3. 原地簡化太極拳 24 式　胡啟賢創編　200 元
4. 原地太極拳 12 式　胡啟賢創編　200 元
5. 原地青少年太極拳 22 式　胡啟賢創編　220 元
6. 原地兒童太極拳 10 捶 16 式　胡啟賢創編　180 元

・名師出高徒・大展編號 111

1. 武術基本功與基本動作　劉玉萍編著　200 元
2. 長拳入門與精進　吳彬等著　220 元
3. 劍術刀術入門與精進　楊柏龍等著　220 元
4. 棍術、槍術入門與精進　邱丕相編著　220 元
5. 南拳入門與精進　朱瑞琪編著　220 元
6. 散手入門與精進　張山等著　220 元
7. 太極拳入門與精進　李德印編著　280 元
8. 太極推手入門與精進　田金龍編著　220 元

・實用武術技擊・大展編號 112

1. 實用自衛拳法　溫佐惠著　250 元
2. 搏擊術精選　陳清山等著　220 元
3. 秘傳防身絕技　程崑彬著　230 元
4. 振藩截拳道入門　陳琦平著　220 元

5.	實用擒拿法	韓建中著	220 元
6.	擒拿反擒拿 88 法	韓建中著	250 元
7.	武當秘門技擊術入門篇	高翔著	250 元
8.	武當秘門技擊術絕技篇	高翔著	250 元
9.	太極拳實用技擊法	武世俊著	220 元
10.	奪凶器基本技法	韓建中著	220 元
11.	峨眉拳實用技擊法	吳信良著	300 元
12.	武當拳法實用制敵術	賀春林主編	300 元
13.	詠春拳速成搏擊術訓練	魏峰編著	280 元
14.	詠春拳高級格鬥訓練	魏峰編著	280 元
15.	心意六合拳發力與技擊	王安寶編著	220 元

・中國武術規定套路・大展編號 113

1.	螳螂拳	中國武術系列	300 元
2.	劈掛拳	規定套路編寫組	300 元
3.	八極拳	國家體育總局	250 元
4.	木蘭拳	國家體育總局	230 元

・中華傳統武術・大展編號 114

1.	中華古今兵械圖考	裴錫榮主編	280 元
2.	武當劍	陳湘陵編著	200 元
3.	梁派八卦掌（老八掌）	李子鳴遺著	220 元
4.	少林 72 藝與武當 36 功	裴錫榮主編	230 元
5.	三十六把擒拿	佐藤金兵衛主編	200 元
6.	武當太極拳與盤手 20 法	裴錫榮主編	220 元
7.	錦八手拳學	楊永著	280 元
8.	自然門功夫精義	陳懷信編著	500 元
9.	八極拳珍傳	王世泉著	330 元
10.	通臂二十四勢	郭瑞祥主編	280 元
11.	六路真跡武當劍藝	王恩盛著	230 元

・少 林 功 夫・大展編號 115

1.	少林打擂秘訣	德虔、素法編著	300 元
2.	少林三大名拳 炮拳、大洪拳、六合拳	門惠豐等著	200 元
3.	少林三絕 氣功、點穴、擒拿	德虔編著	300 元
4.	少林怪兵器秘傳	素法等著	250 元
5.	少林護身暗器秘傳	素法等著	220 元
6.	少林金剛硬氣功	楊維編著	250 元
7.	少林棍法大全	德虔、素法編著	250 元
8.	少林看家拳	德虔、素法編著	250 元
9.	少林正宗七十二藝	德虔、素法編著	280 元

國家圖書館出版品預行編目資料

讓孩子最喜歡數學／小宮山博仁著；沈永嘉譯
－初版－臺北市，大展，民 87
面；21 公分－（校園系列；12）
譯自：わが子を算數大好きに變える本
ISBN 978-957-557-821-3（平裝）
1. 數學—教學法 2. 小學教育—教學法
523.32 87005782

原書名：わが子を算數大好きに變える本
原著作者：小宮山博仁 ©Hirohito Komiyama 1995
原出版者：株式會社 ごま書房
版權仲介：宏儒企業有限公司

讓孩子最喜歡數學

ISBN-13：978-957-557-821-3
ISBN-10：957-557-821-X

作　　者／小宮山博仁
譯　　者／沈 永 嘉
發 行 人／蔡 森 明
出 版 者／大展出版社有限公司
社　　址／台北市北投區（石牌）致遠一路 2 段 12 巷 1 號
電　　話／(02) 28236031・28236033・28233123
傳　　真／(02) 28272069
郵政劃撥／01669551
網　　址／www.dah-jaan.com.tw
E-mail／service@dah-jaan.com.tw
登 記 證／局版臺業字第 2171 號
承 印 者／國順文具印刷行
裝　　訂／建鑫裝訂有限公司
排 版 者／千兵企業有限公司
初版 1 刷／1998 年（民 87 年） 6 月
初版 2 刷／2007 年（民 96 年） 2 月

定　價／180 元

推理文學經典巨著，中文版正式授權

名偵探明智小五郎與怪盜的挑戰與鬥智

名偵探柯南、金田一都讚嘆不已

日本推理小說鼻祖—江戶川亂步

1894年10月21日出生於日本三重縣名張〈現在的名張市〉。本名平井太郎。
就讀於早稻田大學時就曾經閱讀許多英、美的推理小說。
畢業之後曾經任職於貿易公司，也曾經擔任舊書商、新聞記者等各種工作。
1923年4月，在『新青年』中發表「二錢銅幣」。
筆名江戶川亂步是根據推理小說的始祖艾德嘉・亞藍波而取的。
後來致力於創作許多推理小說。
1936年配合「少年俱樂部」的要求所寫的『怪盜二十面相』極受人歡迎，
陸續發表『少年偵探團』、『妖怪博士』共26集……等
適合少年、少女閱讀的作品。

1 ～ 3 集　定價300元　試閱特價189元